Erich Berneker
Graf Leo Tolstoi

Aus Fraktur übertragen

Berneker, Erich: Graf Leo Tolstoi.
Hamburg, SEVERUS Verlag 2011.

ISBN: 978-3-86347-060-9
Druck: SEVERUS Verlag, Hamburg 2011

Der SEVERUS Verlag ist ein Imprint der Diplomica Verlag GmbH.

Bibliografische Information der Deutschen Nationalbibliothek:
Die Deutsche Nationalbibliothek verzeichnet diese Publikation in der
Deutschen Nationalbibliografie; detaillierte bibliografische Daten sind
im Internet über http://dnb.d-nb.de abrufbar.

© **SEVERUS Verlag**
http://www.severus-verlag.de, Hamburg 2011
Printed in Germany
Alle Rechte vorbehalten.

Der SEVERUS Verlag übernimmt keine juristische Verantwortung
oder irgendeine Haftung für evtl. fehlerhafte Angaben und deren
Folgen.

Inhaltsverzeichnis

Einleitung. 3
1. Jugend. 4
2. Auf dem Lande. 16
3. Im Kaukasus. 21
4. Im Kriege. 28
5. In Petersburg..35
6. Die Jahre bis zur Heirat. 42
7. Heirat und Familienleben. 62
8. Pädagogische Tätigkeit und Schriften. 72
9. Die großen Romane: „Krieg und Frieden". 82
10. Die großen Romane: „Anna Karenina". 101
11. Der Wendepunkt in Tolstois innerem Leben. 108
12. Tolstois Lehren. 114
13. Die dichterischen Werke der letzten Jahre..........131
14. Aus Tolstois jetzigem Leben. 144
15. Tolstoi als Dichter und Denker. 147
Quellen 155

Einleitung.

Wer einmal von Moskau nach dem Süden des russischen Reichs, etwa nach Kiew, gefahren ist, der hat gewiß bemerkt, daß sich, bald nachdem der Zug die alte Gouvernementsstadt Tula passiert hat, der Mitreisenden eine eigentümliche Bewegung bemächtigte. „Ob er jetzt wohl dort ist?" „Wo liegt es eigentlich?" So gehen die Fragen hin und her, und es erhebt sich wohl ein Unterrichteter und weist mit der Hand nach der Richtung, wo Jasnaja Poljana liegt. Denn jeder weiß, ohne daß ein Name genannt wird, wen der Fragende meint: Leo Tolstoi.

Bald ist das Gespräch über ihn allgemein geworden. Jeder kennt ihn, jeder hat ihn gelesen, jeder weiß etwas Neues von ihm; jener war bei ihm, dieser mochte ihn gern sehen. Immer eifriger wird die Unterhaltung, man hört Urteile, der eine ist für ihn, der andere gegen ihn. Doch auf aller Mienen liest man den gleichen Ausdruck des Stolzes: er ist unser.

Nie hat sich ein russischer Schriftsteller eines so beispiellosen Erfolges rühmen können wie Tolstoi: zehn Auflagen haben seine Werke erlebt, während Turgenew nur auf drei, Puschkin auf eine blicken konnte. Nie hat ein russischer Schriftsteller solchen Ruhm im Ausland genossen, nie eine so märchenhafte Popularität besessen.

Nicht die Werke Tolstois allein sind es, die dies zu Wege gebracht haben; stets hat auch seine Persönlichkeit eine ganz besondere Anziehungskraft auf seine Zeitgenossen ausgeübt. Von jeher erschien es reizvoll, sich in sein an Inhalt wie an Wechsel und selbst an Gegensätzen so reiches Leben zu vertiefen, das auf wandelvoller Bahn aus dem jungen Aristokraten einen schlichten

Arbeitsmann im Bauernrock, aus dem Künstler einen Bußprediger, aus dem Artillerieoffizier und Kämpfer vor Sewastopol einen Friedensapostel hat werden lassen.

Wir kennen erst die Hauptpunkte dieser Bahn. Tolstoi kargt mit Angaben aus seinem Leben; viel wichtiges Material, Tagebücher und Briefe ruhen einstweilen wohlverwahrt im Rumjanzew-Museum in Moskau. Doch kann man nur wünschen, daß die Zeit noch recht fern sein möge, da ein Biograph diese Schätze wird verwerten dürfen.

So müssen mir uns begnügen, ein Lebensbild aus dem verhältnismäßig Wenigen zu bieten, was wir jetzt wissen. Doch dieses Bild braucht deshalb nicht allzu blaß auszufallen, denn von Tolstoi gilt, vielleicht noch in höherem Maße, das Wort, das einst ein anderer großer russischer Schriftsteller, Turgenew, von sich schrieb: „Meine ganze Biographie liegt in meinen Werken."

1. Jugend.

Das Adelsgeschlecht der Tolstois ist das zahlreichste in Rußland. Von einem im 14. Jahrhundert eingewanderten deutschen Edelmann leitet es seinen Ursprung her; den Grafentitel verlieh Peter der Große am 9. Mai 1724 seinem treuen Anhänger und Gehilfen Pjotr Andrejewitsch Tolstoi, dem Gesandten in Konstantinopel und nachmaligen Handelsminister. Doch der mächtige Staatsmann wurde beim Regierungsantritt Peters II. gestürzt, seiner Würden für verlustig erklärt und beschloß sein Leben in der Verbannung im Kloster Ssolowti am Weißen Meer. Erst die Huld der Kaiserin Elisabeth gab seinen Nachkommen den Grafentitel wieder. Sein Urenkel, Graf Ilja Andrejewitsch, war Gouverneur von Kasan, dessen Sohn, Nikolaj Iljitsch, der Vater unseres Dichters. Im Jahre des vaterländischen Krieges trat dieser Nikolaj Tolstoi, erst fünfzehn Jahre alt, als Kornett in ein Husarenregiment ein. Er machte die Feldzüge 1813 und 1814 mit und zeichnete sich in mehreren Schlachten aus, bis er 1819 als Oberstleutnant seinen Abschied nahm.

Im Jahre 1821 heiratete er die Fürstin Maria Nikolajewna Wolkonskaja und half durch diese Verbindung seinen sehr zerrütteten Vermögensverhältnissen wieder auf, denn seine Gattin brachte ihm einen großen Landbesitz mit 1500 Seelen in die Ehe. Nachdem er noch drei Jahre das Amt eines Inspekteurs des Moskauer Militärwaisenhauses bekleidet hatte, verließ er 1824 endgültig den Staatsdienst und zog sich auf die Güter seiner Frau zurück.

Hier in Jasnaja Poljana, im Kreise Krapiwka des Gouvernements Tula, wurde am 28. August (9. September neuen Stils) 1828 Leo Tolstoi als der vierte Sohn seiner Eltern geboren. Schon zwei Jahre darauf starb die Mutter, nachdem sie einer Tochter, Maria, das Leben gegeben: so hat der Dichter, der in seiner Erzählung „Kindheit" so ergreifende Tone für die Darstellung der Mutterliebe gefunden hat, seine Mutter kaum noch gekannt. Nur sieben Jahre überlebte Nikolaj Iljitsch die Gattin; er starb plötzlich im Jahre 1837, und seine fünf Kinder blieben als Waisen zurück. Eine entfernte Verwandte, Tatjana Alexandrowna Jorgalskaja, übernahm ihre Erziehung; die Vormundschaft ging auf eine Tante väterlicherseits, die Gräfin Osten-Sacken, über. Als auch diese schon nach vier Jahren starb, nahm sich eine zweite Tante, Pelageja Iljinischna, die an einen Kasaner Gutsbesitzer, Namens Juschkow, verheiratet war, der Kinder ihres Bruders an und rief sie zu sich nach Kasan. Im Jahre 1841 zogen die Geschwister Tolstoi dorthin. Der neue Wohnsitz versprach zwiefache Vorteile: eine damals hochberühmte Universität sollte den jungen Grafen akademische Bildung verleihen, und im Hause ihrer Tante, die als Tochter des früheren Gouverneurs in Kasan eine große Rolle in den dortigen aristokratischen Kreisen spielte, konnten sie sich die gesellschaftlichen Formen aneignen, wie sie das damalige „Leben *comme il faut*" (nach Tolstois Ausdruck) von einem jungen Manne der Aristokratie verlangte.

So verließ Tolstoi als dreizehnjähriger Knabe das stille Landgut, auf dem er fast ohne Unterbrechung seine Kinderzeit verlebt hatte. Nur wenige Züge kennen wir aus seiner Kindheit. Seine Tante hat erzählt, daß er als Kind munter und ausgelassen war, als Knabe oft durch sonderbare und unerwartete Handlungen überraschte und sich stets durch regen Verstand und ein gutes Herz auszeichnete. Viele Erinnerungen aus seiner Kindheit liegen offenbar seinem Erstlingswerke zu Grunde: das innere Leben Nikolenkas dürfte treu nach dem eignen geschildert sein. Ein scharf beobachtendes Kind ist dieser Nikolenka, an dem kein wichtiges Erlebnis vorübergeht, ohne tiefe Spuren in seiner Seele zu hinterlassen, ohne ihn zu grübelnden Gedanken anzuregen. Eine der frühesten Erinnerungen Tolstois bezieht sich darauf, daß er den oberen Stock, wo er mit der Kinderfrau und der kleinen Schwester Mascha gelebt, verlassen muß und in das Erdgeschoß zieht, wo die drei älteren Brüder mit ihrem Lehrer Hausen. Die kleine, schwarzhaarige, stets zärtliche und mitleidsvolle Tante Tatjana zieht ihm das erste Knabenkleid an und küßt ihn, während sie sich über ihn beugt um ihm den Gürtel umzuschnallen. „Ich sah, daß sie dasselbe empfand wie ich: daß ich ihr leid tue, sehr leid, daß es aber so sein müsse. Und zum erstenmal fühlte ich, daß das Leben kein Spiel, sondern ein schweres Ding ist."

Die Übersiedelung vom Lande in die Stadt mußte auf den empfänglichen Knaben den tiefsten Eindruck machen. Nun hieß es Abschied nehmen von dem glücklichen Leben im Schoße der Natur, von den ländlichen Freuden: Tummeln und Spielen in dem großen, prächtigen Garten, Baden in dem das Gut durchquerenden Flüßchen, Pilzesammeln im Walde, Jagden, Fahrten mit der Troika weit über Land, Erzählungen der alten Kinderfrau, der „Njanja", mit der Hornbrille und dem Strickstrumpf, an den langen Winterabenden. Das Leben in der Stadt wirkte danach nur abstoßend auf ihn, und vielleicht datiert schon aus dieser frühen Zeit die Tolstoi eigene, oft geäußerte Abneigung gegen das Stadtleben und die Städte. Sie blieben für ihn immer, wie es in der „Auferstehung" heißt, die Stätten, wo die Menschen sich zu Tausenden auf einem engen Raum zusammenrotten, bemüht, die Erde, auf der sie sich drängen, zu verunstalten; „sie pflastern sie mit Steinen zu, daß nur ja nichts darauf wachse, und rotten jedes noch etwa durchsprießende Gräslein aus: sie räuchern mit Steinkohlen und Naphtha, beschneiden die Bäume und vertreiben alle Tiere und Vögel."

Nach Kasan siedelte auch der älteste Bruder, Nikolaj, aus Moskau über und setzte seine Studien in der mathematischen Fakultät fort; die jüngeren Brüder wurden eifrig für den Eintritt in die Universität vorbereitet. Die besten Lehrer der Stadt unterrichteten sie; als Hauslehrer und Gouverneur wurde für sie der Franzose Saint-Thomas engagiert, den Tolstoi in seiner „Knabenzeit" unter dem Namen Saint-Jérôme recht abstoßend dargestellt hat, während sein früherer deutscher Hauslehrer, Rössel, in der rührenden und sympathischen Gestalt des Karl Iwanowitsch verewigt ist. Sergej und Dmitrij Tolstoi wählten die gleiche Fakultät wie der älteste Bruder und bezogen die Universität 1843; Leo ging seinen eignen Weg und erwählte die Fakultät der orientalischen Sprachen. In den Jahren 1842 bis 1844 bereitete er sich fleißig auf das Eintrittsexamen vor, in dem Vorkenntnisse im Arabischen und Türkisch-Tatarischen verlangt wurden. Warum sich Tolstoi gerade dieses fernliegende Studium erkor, ist nicht leicht zu sagen. War es der Grund, warum Irtenjew, des Dichters Selbstbildnis in der „Knabenzeit", die Mathematik erwählt: einzig allein, weil ihm die aufgeschnappten gelehrten Fachausdrucke behagen? Doch kommt man der Wahrheit wohl näher, wenn man erwägt, daß zu jener Zeit die orientalische Fakultät in Kasan weitaus die bedeutendste war. Die Kasaner Orientalistenfakultät, die in dem Prokurator des Lehrbezirks, Grafen Mußin-Puschkin, einen begeisterten Mäzen besaß, erfreute sich damals europäischen Rufes; sprach doch der berühmte Gelehrte Castrén die Erwartung aus, daß gerade hier in Kasan die wichtigsten den Orient betreffenden Fragen ihre Lösung finden dürften.

geschoß zieht, wo die drei älteren Brüder mit ihrem Lehrer Hausen. Die kleine, schwarzhaarige, stets zärtliche und mitleidsvolle Tante Tatjana zieht ihm das erste Knabenkleid an und küßt ihn, während sie sich über ihn beugt um ihm den Gürtel umzuschnallen. „Ich sah, daß sie dasselbe empfand wie ich: daß ich ihr leid tue, sehr leid, daß es aber so sein müsse. Und zum erstenmal fühlte ich, daß das Leben kein Spiel, sondern ein schweres Ding ist."

Die Übersiedelung vom Lande in die Stadt mußte auf den empfänglichen Knaben den tiefsten Eindruck machen. Nun hieß es Abschied nehmen von dem glücklichen Leben im Schoße der Natur, von den ländlichen Freuden: Tummeln und Spielen in dem großen, prächtigen Garten, Baden in dem das Gut durchquerenden Flüßchen, Pilzesammeln im Walde, Jagden, Fahrten mit der Troika weit über Land, Erzählungen der alten Kinderfrau, der „Njanja", mit der Hornbrille und dem Strickstrumpf, an den langen Winterabenden. Das Leben in der Stadt wirkte danach nur abstoßend auf ihn, und vielleicht datiert schon aus dieser frühen Zeit die Tolstoi eigene, oft geäußerte Abneigung gegen das Stadtleben und die Städte. Sie blieben für ihn immer, wie es in der „Auferstehung" heißt, die Stätten, wo die Menschen sich zu Tausenden auf einem engen Raum zusammenrotten, bemüht, die Erde, auf der sie sich drängen, zu verunstalten; „sie pflastern sie mit Steinen zu, daß nur ja nichts darauf wachse, und rotten jedes noch etwa durchsprießende Gräslein aus: sie räuchern mit Steinkohlen und Naphtha, beschneiden die Bäume und vertreiben alle Tiere und Vögel."

Nach Kasan siedelte auch der älteste Bruder, Nikolaj, aus Moskau über und setzte seine Studien in der mathematischen Fakultät fort; die jüngeren Brüder wurden eifrig für den Eintritt in die Universität vorbereitet. Die besten Lehrer der Stadt unterrichteten sie; als Hauslehrer und Gouverneur wurde für sie der Franzose Saint-Thomas engagiert, den Tolstoi in seiner „Knabenzeit" unter dem Namen Saint-Jérôme recht abstoßend dargestellt hat, während sein früherer deutscher Hauslehrer, Rössel, in der rührenden und sympathischen Gestalt des Karl Iwanowitsch verewigt ist. Sergej und Dmitrij Tolstoi wählten die gleiche Fakultät wie der älteste Bruder und bezogen die Universität 1843; Leo ging seinen eignen Weg und erwählte die Fakultät der orientalischen Sprachen. In den Jahren 1842 bis 1844 bereitete er sich fleißig auf das Eintrittsexamen vor, in dem Vorkenntnisse im Arabischen und Türkisch-Tatarischen verlangt wurden. Warum sich Tolstoi gerade dieses fernliegende Studium erkor, ist nicht leicht zu sagen. War es der Grund, warum Irtenjew, des Dichters Selbstbildnis in der „Knabenzeit", die Mathematik erwählt: einzig allein, weil ihm die aufgeschnappten gelehrten Fachausdrucke behagen? Doch kommt man der Wahrheit wohl näher, wenn man erwägt, daß zu jener Zeit die orientalische Fakultät in Kasan weitaus die bedeutendste war. Die Kasaner Orientalistenfakultät, die in dem Prokurator des Lehrbezirks, Grafen Mußin-Puschkin, einen begeisterten Mäzen besaß, erfreute sich damals europäischen Rufes; sprach doch der berühmte Gelehrte Castrén die Erwartung aus, daß gerade hier in Kasan die wichtigsten den Orient betreffenden Fragen ihre Lösung finden dürften.

Im Mai 1844 unterzog sich Tolstoi der Eintrittsprüfung, jedoch ohne Erfolg. Er bestand gut im Russischen, in den neueren Sprachen, in Religion, versagte aber völlig in Geschichte, Geographie und Latein. Man wirkte ihm die Vergünstigung aus, im Herbst das Examen zu wiederholen. Es gelang, und stolz konnte er die Abzeichen des Studenten den blauen Kragen, den Degen an der Linken und den Dreimaster anlegen. Doch war seinen Studien kein Erfolg beschieden: das Halbjahresexamen im Januar 1845 bestand er so schlecht, daß er zum Übergangsexamen in den zweiten Kursus im Mai gar nicht zugelassen wurde. Kurz entschlossen gab er die orientalischen Studien auf und trat im Herbst in die juristische Fakultät über.

Den Grund für diesen Mißerfolg darf man wahrlich nicht im Mangel an Fähigkeiten und Begabung suchen. Das ist undenkbar bei einem Manne, der sich in späteren Jahren mit durchdringendem Verständnis in die Probleme der verschiedensten Wissenschaften vertiefte, der noch in vorgerücktem Alter spielend Griechisch und Hebräisch lernte. Schuld waren vielmehr allein die ständigen Zerstreuungen des gesellschaftlichen Lebens, das im Hause der Tante Juschkowa herrschte und den Jüngling nicht zu ernster Arbeit kommen ließ.

Kasan besaß in den vierziger Jahren eine ganz andere Bedeutung als jetzt. Noch vermittelten nicht die Eisenbahnen den Verkehr der Provinz mit den beiden russischen Hauptstädten, So bildete Kasan, eine Stadt von 40.000 Einwohnern, den natürlichen Mittelpunkt für das ganze weite Land an der Wolga und Kama. Im Winter strömten hier die adligen Gutsbesitzer jener Gegenden zusammen, um Einkäufe zu machen, die Freuden des Stadtlebens zu genießen, ihre Söhne in das *savoir vivre* der vornehmen Welt einzuführen und auch wohl für ihre heiratsfähigen Tochter auf den zahlreichen Bällen eine gute Partie zu suchen. Sagoskin entwirft ein amüsantes Bild von dem damaligen Kasaner Gesellschaftsleben: ein junger Mann brauchte für seinen Mittagstisch nicht zu sorgen, denn er hatte für jeden Tag eine Einladung. Nach dem Diner gingen die Gäste auseinander, um sich durch ein Stündchen Schlafes von den Anstrengungen zu erholen; galt es doch, frisch zu sein für den Abend, wo man sich auf Tees und Bällen oder am Kartentisch wieder traf, um bis zum Morgen zusammenzubleiben. Eines der angesehensten und geselligsten Häuser der Stadt war aber das der Tante Juschkowa; ob er wollte oder nicht, der junge Tolstoi wurde in den Strudel der Vergnügungen hineingezogen, und die arabischen und türkischen Grammatiken verstaubten.

So glänzend die orientalische Fakultät war, so traurig stand es um die juristische. Ein wahrhaft abschreckendes Bild zeichnet davon Sagoskin. Die Mehrzahl der Professoren waren Deutsche, die ihre Vorlesungen in einem lächerlichen Russisch hielten. Es kam so weit, daß Studenten anderer Fakultäten in die juristischen Vorlesungen kamen, sich zu amüsieren. Die eigentlichen Juristen schliefen oder beschäftigten sich während der Vorlesungen mit Lektüre. Wie geisttötend es dort zuging, lehrt die wohlverbürgte Erzählung, daß einer der Professoren sein Kolleg mit den Worten zu beginnen pflegte: „Römisches Recht; beides mit großem R; schreiben Sie sich das an den Rand!" Nur wenige Professoren verstanden die Jugend anzuregen, wie etwa der des bürgerlichen Rechts, J. D. Meier.

So fühlte sich Tolstoi von der Jurisprudenz aufs lebhafteste abgestoßen. Er nahm ferner aus seiner Studentenzeit eine tiefe Abneigung gegen die Universitäten und das Universitätsstudium ins Leben mit, die er auch in einer seiner pädagogischen Schriften mit scharfen Worten offen bekannt hat. Vielleicht stammt nicht zum mindesten aus dieser Kasaner Zeit die Geringschätzung der „offiziellen" Wissenschaft überhaupt, die Tolstoi so oft ausgedrückt hat; und ist sie nicht auch entschuldbar angesichts dieser traurigen Beispiele, die er gerade in der aufnahmefähigsten Zeit der Jugend vor Augen gehabt hat?

Nichtsdestoweniger bestand er im Mai 1846 das Übergangsexamen in den zweiten Kursus und erhielt die dritte Note. Doch das sollte auch sein letzter Erfolg auf der Kasaner Universität sein. Im nächsten Jahr war das Ergebnis des Vorexamens sehr traurig: schlechte Zensuren, Bemerkungen wie „besuchte nicht die Vorlesungen", ja sogar „sehr träge". So gab Tolstoi die Hoffnung auf, das Übergangsexamen für den dritten Kursus zu bestehen, und in ihm reifte der Plan, die Universität ganz zu verlassen. Um so mehr, als auch die Brüder nach glücklich beendigten Studien Kasan den Rücken gekehrt hatten und er sich einsam fühlen mochte.

Es war überhaupt keine glückliche Zeit, die Studienzeit in Kasan. Er war allein, er hatte keine mitfühlende Seele, der er sich ganz erschließen und der er die mannigfachen Gedanken, die sich in dem schon so grüblerischen jungen Kopfe kreuzten, hätte aussprechen können. Einsam und unverstanden ging er durch die Welt während der Jugendzeit, in der jedes Herz so ganz besonders nach Freundschaft und Mitteilung dürstet. Zu den Studenten fühlte er sich nicht hingezogen. Die Kasaner Studentenschaft spaltete sich schroff in zwei Lager: Aristokraten und Nichtaristokraten. Diese stießen ihn durch ihre groben Formen, ihre Trinkgelage, ihre Händel- und Skandalsucht ab; die Aristokraten wiederum, zu denen er seiner Geburt und seinem Umgangskreise nach gehörte, gingen ganz auf in den gesellschaftlichen Vergnügungen, Bällen, Aufführungen, Liebschaften. So hielt er sich fern von beiden und kam dadurch in den Ruf, stolz und hochmütig zu sein. „Murrkopf" nannten sie ihn, auch wohl „Sonderling" und „Philosoph", wenn er seine schon damals von den landläufigen abweichenden Ideen auskramte. Einer von Tolstois Universitätsgefährten, Nasarjew, entwirft uns ein Bild von ihm aus seiner Studentenzeit. Beide sind Leidensgenossen, wegen Verspätung zu den Vorlesungen mit einem Tage Karzer bestraft. In einem Einspänner kommt der junge Graf zur Universität gefahren, tritt hastig ins Zimmer und wirft seinen grauen, militärisch geschnittenen Mantel mit breitem Biberkragen ab. Ohne Nasarjews Begrüßung zu erwidern und ohne ihm die geringste Beachtung zu schenken, geht er mit raschen Schritten im Zimmer auf und nieder. Erst allmählich taut er auf und beginnt ein Gespräch, in dem er Nasarjew durch seltsame Gedanken überrascht. Er läßt vor allem seinen Unwillen gegen die Geschichte aus (nie hat sich Tolstoi für die Geschichte erwärmen können; „Geschichte war für mich immer das langweiligste Fach," läßt er

Irtenjew sagen) mit den harten Worten: „Geschichte ist nur eine Sammlung von Fabeln und nutzlosen Einzelheiten, durchstreut von einer Menge unnützer Zahlen und Eigennamen ... Und wie wird Geschichte geschrieben! Alles wird nach einem vom Historiker ausgedachten Maßstab gemessen. Der Grause Zar, über den Professor Iwanow jetzt liest, wird plötzlich im Jahre 1560 aus einem tugendhaften und weisen Herrscher zu einem wahnsinnigen, wilden Tyrannen. Wie das zugeht und woher das kommt, danach fragt nur nicht!" Und jedenfalls tief aus dem Herzen kam dem jungen Heißsporn die zweite Äußerung, über die Nasarjew erstaunt, über die Universität: „Wir beide, Sie und ich, haben das Recht, zu erwarten, daß wir diesen Tempel der Wissenschaft als nützliche, kenntnisreiche Menschen verlassen. Nun sagen Sie ehrlich: was nehmen wir aus diesem Heiligtum mit hinaus in unsere vier Pfähle, aufs Land; wozu werden wir taugen, wem nützen?" Als ob man den 34-jährigen Tolstoi in dem schon erwähnten Aufsatz über „Erziehung und Bildung" reden hörte!

So wenig wie unter den Kameraden konnte sich Tolstoi auch im Kaufe der Tante wohlfühlen. Pelageja Iljinischna war eine Dame der großen Welt, adelsstolz, jedoch gutmütig und ziemlich beschränkt. Für die seelischen Regungen und Herzensbedürfnisse ihres Neffen hatte sie kein Verständnis. Sie glaubte genug zu tun, wenn sie ihm die Möglichkeit gewährte, sich in ihrem Hause gesellschaftlich zu bilden, und für seine Einführung in die vornehmsten Kreise der Stadt sorgte. Doch gerade hier konnte sich der junge Tolstoi nicht heimisch fühlen. Er war nicht der flotte Weltmann, der gewandte Tänzer, wie sein Bruder Sergej. Er wußte, daß sein Äußeres wenig anziehend war: er war breitschultrig, plump, seine Bewegungen eckig; er hatte eine breite Nase, kleine, stechende graue Augen und borstige Haare. So beschreibt er Nikolaj Irtenjew, so wird er selbst von Augenzeugen aus jener Zeit beschrieben. Eben dieses Gefühl, daß er häßlich sei, machte ihn scheu und befangen. „Ich war scheu von Natur, doch meine Scheu wurde noch vermehrt durch das Bewußtsein meiner Häßlichkeit. Ich bin überzeugt, daß nichts einen so bestimmenden Einfluß auf die Richtung eines Menschen ausübt als sein Äußeres oder vielmehr nicht so sein Äußeres als das Bewußtsein, anziehend oder nicht anziehend zu sein," sagt sein Ebenbild in der „Knabenzeit". Dieses selbe Bild des plumpen, eckigen, nicht anziehenden und daher befangenen Menschen zeigen auch die Helden seiner beiden großen Romane: Pierre und Ljowin.

So begann sich der Jüngling mehr und mehr von den Menschen zurückzuziehen und, wie Nikolaj Irtenjew, Trost und Freude an „stolzer Einsamkeit" zu fühlen. Von diesem einsamen Beobachterposten aus tat er einen tiefen Blick in die Hohlheit und Leere der Menschen der großen Welt, ihre Unaufrichtigkeit und Verderbtheit; hier fand er schon die grellen Farben, in denen er das eitle, nichtige Leben und Treiben der höchsten Gesellschaftskreise in seinen späteren Erzählungen und Romanen gemalt hat. Hier tat sich ihm zuerst der Zwiespalt auf zwischen dem, was wahrhaft gut und edel ist, und dem, was die große Welt dafür hält. Seine junge Seele war erfüllt von dem leidenschaftlichen Verlangen, sich moralisch zu vervollkommen, gut und tugendhaft zu werden.

Doch ließ er sich einmal verleiten, diese Gedanken auszusprechen, so erntete er bei seiner Umgebung nur Hohn und Spott. „Wenn ich mich aber garstigen Leidenschaften hingab, lobte und ermunterte man mich. Ehrgeiz, Herrschsucht, Eigennutz, Hochmut, Zorn, Rachsucht, alles das schätzte man hoch. Wenn ich mich diesen Leidenschaften ergab, glich ich mehr einem Erwachsenen, und ich fühlte, daß man mit mir zufrieden war." Mehr als einmal versicherte ihm die Tante, sie wünsche nichts so sehr für ihn, als daß er ein Verhältnis mit einer verheirateten Frau hätte: „Rien ne forme un homme comme une liaison avec une femme comme il faut." „Und noch ein anderes Glück wünschte sie mir," erzählt Tolstoi in der „Beichte"; „ich sollte Adjutant werden, am liebsten beim Kaiser, und das allergrößte Glück: ich sollte ein sehr reiches Mädchen heiraten und durch diese Heirat möglichst viele Sklaven bekommen."

Noch dreißig Jahre später sagt Tolstoi, er könne an diese Zeit nicht ohne Schrecken, Ekel und Herzweh zurückdenken. Wie ein unterdrückter Schmerzensschrei klingt es aus der „Beichte": „Ich wünschte mit allen Fasern meiner Seele, gut zu sein. Doch ich war jung, und ich hatte Leidenschaften, und ich war allein, mutterseelenallein, wenn ich das Gute suchte."

Mit Macht zog es ihn fort von dieser Stätte der Leiden und Enttäuschungen auf das Land, wo er seine glückliche Kindheit verlebt hatte. Dort wollte er nur sich selbst und seinen Neigungen leben, frei von dem gesellschaftlichen Zwang und fern der verhaßten großen Welt. Am 12. April 1847 richtete er ein Gesuch an den Rektor der Universität, ihn aus der Zahl der Studenten zu streichen, da er „aus Gesundheitsrücksichten und infolge von Familienverhältnissen" nicht mehr in der Lage sei, seine Studien fortzusetzen. Schon am 14. erhielt er sein Zeugnis. Wenige Tage darauf verließ er Kasan und zog durch das frühlingsgrüne Land über Moskau nach Jasnaja Poljana, das ihm bei der Einteilung zugefallen war. Ein neues Leben begann für ihn. „Je schwärzer der Kreis der Erinnerungen der letztvergangenen Zeit war, desto reiner und lichter hob sich davon der reine und lichte Punkt der Gegenwart ab und schimmerten die freundlichen Farben der Zukunft."

2. Auf dem Lande.

In der 1852 erschienenen Erzählung „Der Morgen des Gutsherrn" schildert Tolstoi seine Gefühle und Erlebnisse, als er aufs Land zurückkehrt. Wie er ist der Held dieser Erzählung, Fürst Nechljudow, 19 Jahre alt und im dritten Universitätsjahr, als er sein väterliches Gut wiedersieht. In einem Brief an seine Tante rechtfertigt er seine Aufgabe des Universitätsstudiums und seinen Wunsch, ganz der Landwirtschaft zu leben, für die er sich geboren fühlt. Er habe das Gut in der größten Zerrüttung vorgefunden: das Hauptübel sei die bejammernswerte Lage der Bauern. „Ist es nicht meine heilige, unumstößliche Pflicht, für das Glück dieser 700 Menschen zu sorgen, für die ich Gott gegenüber die Verantwortung trage? Ist es nicht Sünde, sie der Willkür grober Starosten und Verwalter zu überlassen, um Plänen des Genusses und des Ehrgeizes nachzujagen? Warum soll ich in einer anderen Sphäre Gelegenheit suchen, nützlich zu sein und Gutes zu tun, wenn sich mir hier eine so edle, glänzende und naheliegende Aufgabe bietet? Ich fühle die Fähigkeit, ein guter Landwirt zu sein; und dazu brauche ich kein Kandidatendiplom, keinen hohen Rang, den Sie für mich so wünschen."

Ein seltsamer Plan für einen jungen Edelmann der vierziger Jahre, dem Glück seiner Bauern zu leben! „Ich bin fünfzig Jahre alt geworden," schreibt die Tante zurück, und jedenfalls spricht sie damit die Ansichten der Tante Juschkowa aus, „und habe viele achtbare Leute gekannt, doch niemals habe ich gehört, daß sich ein junger Mann von guter Familie und Fähigkeiten unter dem Vorwand, Gutes zu tun, im Dorfe vergraben hätte."

In der Tat wird dieser Entschluß Tolstois viele überrascht haben. Zu jenen Zeiten bestand noch die Leibeigenschaft in ihrer schroffsten Gestalt. Nun war ja nicht überall das Los der Bauern ein so unsäglich trauriges, wie es Turgenew in seinem „Punin und Baburin" und vor allem in „Mumu" nur zu wahr geschildert hat, indem er Züge von seiner eigenen Mutter, der harten Warwara Petrowna, dabei verwertete. Doch immerhin blickte die Mehrzahl der Herren auf ihren zweibeinigen Besitz nicht viel anders als auf ihren vierbeinigen. „Sie haben nicht dieselben zarten Gefühle wie wir," sagt der Inspektor Jakow von den Bauern.

Doch für Tolstoi-Nechljudow sind seine Leibeigenen „eine einfache, empfängliche, unverdorbene Volksklasse". In dieser Auffassung des Volks spürt man gleich einen Hauch von Rousseaus Geist. Wirklich hatte der junge Tolstoi schon mit fünfzehn Jahren alle möglichen philosophischen Werke gelesen, doch nichts hatte einen solchen Eindruck auf ihn gemacht als die Schriften Rousseaus. Noch im späten Alter sagte er einmal: „Ich vergötterte Rousseau so, daß ich eine Zeitlang sein Bild in einem Medaillon auf der Brust neben dem Heiligenbildchen tragen wollte."

Auch er hatte sich ja voll Haß gegen die „Kultur" gesogen, wie sie ihm im Kasaner Gesellschaftsleben entgegengetreten war. So fand die Predigt von der Rückkehr zur unverfälschten, reinen Natur einen mächtigen Widerhall in der jungen Seele, und energisch wie er war, eilte Tolstoi, seine von Rousseau gewonnenen Überzeugungen in dem Landleben auf Jasnaja Poljana in die Tat umzusetzen.

Zunächst wollte er seinen Bauern ein menschenwürdiges Dasein schaffen. Doch auch auf diesem Wege erlebte er Enttäuschungen, wie er im „Morgen des Gutsherrn" ehrlich erzählt.

Nechljudow macht seinen Rundgang durch das Dorf, um sich vom Wohl und Wehe seiner Bauern durch Augenschein zu überzeugen. Dem Bauern Tschuris droht die Hütte über dem Kopf zusammenzustürzen; er bietet ihm eine neue, stattliche, steinerne an, — vergebens. Wie eine Gnade bittet sich Tschuris aus, in der alten wohnen bleiben zu dürfen: „hier haben mein Großvater und mein Vater ihren Geist aufgegeben, hier möchte auch ich mein Leben beschließen; weiter will ich nichts. Wir wollen ewig zu Gott für dich beten; vertreibe uns nicht aus dem alten Nest!" So vermag Nechljudow nichts anderes zu tun als Tschuris Geld für eine Kuh zu schenken; helfen läßt er sich nicht. Weiter geht der Gutsherr zu Juchwanka-Mudrjonyj. Dieser Müßiggänger, der auf dem Ofen liegt, Branntwein trinkt und Pfeife raucht, will ein Pferd verkaufen, und Nechljudow will sich überzeugen, ob er es auch bei seiner Arbeit entbehren kann. Der Bauer belügt ihn schamlos und lächelt nur gutmutig, wenn ihn der sich bis zu Tränen erregende Herr überführt und zur Wahrheit ermahnt. Wieder kann Nechljudow nichts tun, als der alten Mutter Geld schenken. So geht die traurige Wanderung weiter, bis er zum reichen Bauern Dutlow kommt. Er möchte ihn bewegen, von ihm ein Stück Land zu pachten und mit ihm gemeinsam einen Wald zu kaufen. Doch der verschlagene Dutlow fürchtet sich, dem Herrn seinen Wohlstand einzugestehen. „Das haben böse Menschen von mir gesagt. Mögen meine Augen platzen und ich auf der Stelle in die Erde versinken, wenn ich mehr habe als 15 Rubel!"

Traurig sieht Nechljudow-Tolstoi seine Pläne zu nichte werden: „Mein Gott! so waren alle meine Träume von dem Zweck und den Pflichten meines Lebens Torheit?" Die Tante behält recht: es ist leichter, sein eigenes Glück zu begründen, als das anderer.

Worin liegt nun der Grund dieses Mißerfolges? Nechljudow sieht es ein: die Leibeigenschaft ist die Kluft, die Herrn und Knecht auf ewig trennt. Die Bauern sehen in dem Gutsherrn den natürlichen Feind, dem gegenüber es heißt, auf der Hut zu sein, den sie skrupellos belügen und bestehlen dürfen. Die Leibeigenschaft zerstört alles Vertrauen; Herr und Volk sind zwei verschiedene Welten.

Doch schon jetzt zieht ein unbestimmtes Rousseausches Sehnen Tolstoi-Nechljudow zu jener Welt des Volkes. In seinen Träumen denkt er an Iljuschka, den Sohn des reichen Dutlow, der als Fuhrmann in die weite Welt zieht. Nach harter Tagesarbeit spannt er die Pferde aus und schläft auf dem Wagen im duftigen Heu den gesunden, sorglosen Schlaf des gesunden Menschen. Von Stadt zu Stadt durchzieht er das heilige Rußland, Kiew sieht er mit seinen Klöstern und den Pilgerscharen, Romen mit seinen Kaufleuten und Waren, Odessa und das weite blaue Meer mit den weißen Segeln darauf... Und ihm kommt der Gedanke: „Warum kann ich nicht Iljuschka sein?"

Vier Jahre lebte Tolstoi auf seinem Gut mit nur kurzen Unterbrechungen. Im Jahre 1848 bestand er in der juristischen Fakultät der Universität Petersburg das Kandidatenexamen. Doch dazu hat er jedenfalls nicht lange Zeit gebraucht. „Ich wußte buchstäblich nichts," schreibt er selbst; „und begann gerade nur eine Woche vor dem Examen, mich vorzubereiten. Ich schlief die Nächte nicht und erhielt die Kandidatennoten im bürgerlichen Recht und im Strafrecht, obwohl ich mich nur je eine Woche vorbereitet hatte."

Im Jahre 1851 hatte Tolstoi das Unglück, stark im Spiel zu verlieren. Um die sehr beträchtliche Schuld zu bezahlen, mußte er sich sehr einschränken. Da gerade sein ältester Bruder Nikolaj im Kaukasus als Offizier stand, beschloß er, sich dorthin zu begeben. Er gab sich das Wort, „die verdammten Karten nie wieder anzurühren" und im Kaukasus durch ein exemplarisch sparsames Leben das Verlorene wieder einzubringen. Er fuhr zu Schiff von Kasan bis Astrachan die Wolga abwärts; von dort ging es zu Wagen in das unbekannte Land, wo für ihn wieder ein neues Leben beginnen sollte.

3. Im Kaukasus.

„Du greiser Kaukasus, ich grüße dich!
In deinem Reich kein fremder Gast bin ich:
Hast mich schon früh, in meiner Jugendzeit,
Gewöhnt an deine Bergeseinsamkeit.
Und oft seitdem durchzogen meine Träume
Mit dir des Ostens sonnenhelle Räume.
O freies Bergland! rauh bist du, doch schön!
Altären gleich sind deine steilen Höhn,
Wenn abends fernher Wolken zu dir fliegen,
Bald, blauem Dampf gleich, deine Höhn umschmiegen,
Bald, schwanken Federn gleich, auf dir sich wiegen,
Bald, Schatten gleich, an dir vorüberschweben,
Bald graunvoll, wie Gespenster, sich erheben,
(Die man im Traumgesicht zu sehen meint) —
Und nur der Mond vom blauen Himmel scheint."[1])

So hatte Lermontow im Jahre 1832 begeistert den Kaukasus besungen; in seinem Roman „Ein Held unserer Zeit" hatte der früh Verstorbene mit glühenden Farben die Schönheit und Großartigkeit des wilden Berglandes geschildert, und auch Puschkin hatte hier die Anregung zu mehreren herrlichen Gedichten empfangen. Schon längst bildete dieses poesieumwobene Zauberland mit seinen in ewigem Schnee starrenden Bergriesen, seinen gähnenden Klüften und reißenden Flüssen, mit den endlosen Platanenwäldern an seinem Fuß, seinen Myrthen-, Lorbeeren- und Akazienhainen, in denen zahllose Nachtigallen schlagen, das Ziel der Sehnsucht für den Russen

---

[1] Übersetzung von Fr. Bodenstedt

des Flachlandes. Besonders zog es auch die militärische Jugend dorthin zum Dienst bei den dort stehenden Truppen, hier konnte man dem Feind kühn ins Auge sehen, hier war es leicht, das Georgsritterkreuz zu verdienen. Denn ewig gab es Kampf mit den Abreken.

> „Wild sind die Stämme jener wilden Schluchten,
> Im Kampf, zum Kampfe wachsen sie heran,
> Kämpfend beginnt das Kind, endet der Mann.
> Der ‚Russe' ist des Kampfes Losungswort ..."

In dieses Wunderland kam nun Tolstoi, und von allen Seiten stürmten neue Eindrücke auf sein empfängliches Gemüt. Er hatte anfangs durchaus nicht die Absicht, im Kaukasus Dienste zu nehmen. In einem Kosakendorf, Starogladow-Staniza, ließ er sich nieder. Nur 5 Rubel monatlich bezahlte er Miete; bei einem so sparsamen Leben konnte er seine Spielschulden bald tilgen. In den „Kosaken" zeigt er uns reizvolle Bilder aus seinem damaligen Leben. Ein alter Kosak, Jepischka (in der Erzählung heißt er Jeroschka), schloß ihn besonders ins Herz. Er führte ihn in den Urwald und lehrte ihn, Fasanen und den Hirsch zu jagen; abends sang er ihm Volkslieder zu der Balalaika vor. Einst, als Tolstoi mit Jepischka von einem solchen Jagdzug zurückkehrte, traf er seinen Großonkel Ilja Andrejewitsch, der einen hohen militärischen Posten bekleidete. Dieser legte ihm ans Herz, in die Armee einzutreten, und Tolstoi ließ sich überreden. Er bestand das vorgeschriebene Examen in Tiflis und trat als Junker (der Titel für adlige Unteroffiziere) bei der 44. Batterie der 20. Artilleriebrigade ein, die am Terek stand. Jenseits des Tereks wohnten Tscherkessen, unzuverlässige Stämme, die es oft zu strafen galt: so empfing der junge Artillerist bald die Feuertaufe.

Sehr anstrengend war der Dienst jedenfalls nicht. Auf solche Streifzüge folgten auch wieder lange Zeiten der Muße. Tolstoi fand seinen Geist nicht genügend beschäftigt; der Verkehr mit den Regimentskameraden war wenig anregend; dazu kam Heimweh nach seinem geliebten Jasnaja Poljana. Im Geiste versetzte er sich durch die Wieten dorthin, traute Kindheitserinnerungen dämmerten auf, unwillkürlich griff er zur Feder, sie festzuhalten. So entstand im Jahre 1852 die Erzählung „Kindheit": aus dem jungen Kriegsmann war ein Schriftsteller geworden. Freilich träumte er noch nicht von literarischem Ruhm; zaghaft schickte er sein Manuskript dem Dichter Nekraßow ein, der seit 1847 in Petersburg die Zeitschrift „Der Zeitgenosse" herausgab. Er hatte Erfolg; freudig nahm Nekraßow das Werk an, in dem er mit scharfem Blick die Erstlingsarbeit eines vielversprechenden Talents erkannte.

Das Jahr 1852 ist bedeutsam in der Geschichte der russischen Literatur. Im Februar starb Nikolaj Gogolj, der unsterbliche Dichter der „Toten Seelen", zu dem die damalige junge Schriftstellergeneration in begeisterter Verehrung aufblickte. Es erschienen „Die Aufzeichnungen eines Jägers" von Turgenew im Buch und begründeten den Ruhm ihres Verfassers, der so human für das unterdrückte leibeigene Volk eintrat. Nun brachte dieses Jahr noch das erste Werk Tolstois und damit den Aufgang eines neuen Gestirns, das dereinst am Himmel der russischen Literatur als Stern erster Größe strahlen sollte.

In der „Kindheit" erzählt Nikolaj Irtenjew die Geschichte seiner ersten Jugendjahre. Viel Autobiographisches hat Tolstoi, wie schon oben erwähnt, hineingewoben, freilich weniger äußere als innere Erlebnisse. Nikolenka verliert die Mutter als Knabe, Tolstoi hat seine kaum gekannt; der Vater der Erzählung ist nicht das Ebenbild von Tolstois Vater, sondern von einem Onkel, und andere Unterschiede mehr. Nilolenka erzählt von dem anziehenden Leben auf dem Gute, von dem deutschen Hauslehrer Karl Iwanowitsch, von der zarten Gestalt der „maman". Wir nehmen an seinen kindlichen Leiden und Freuden teil, erfahren von den ersten zarten Liebesregungen des Knaben. Wir folgen ihm bei seiner Übersiedelung in die Stadt in das Haus der Großmutter, wo ihn neue Eindrücke erwarten, er neue Persönlichkeiten, neue Gespielen kennen lernt. Mit einem Trauerfall schließt die Erzählung: die Mutter stirbt einsam und verlassen auf dem Gute, während der Vater sein Leben in der Stadt genießt.

Die „Kindheit" wurde beifällig aufgenommen, und der Erfolg war wohlverdient. Meisterhaft ist das kindliche Seelenleben beschrieben; zugleich nimmt die rückhaltlose Aufrichtigkeit ein, die auch über die schlechten Regungen in dem jungen Herzen nicht hinweggleitet. Über dem Ganzen liegt wie ein zarter Hauch gebreitet die Sehnsucht nach „der glücklichen, unwiederbringlichen Kinderzeit" und teilt sich dem Leser unwillkürlich mit.

Schon diese erste Schrift zeigt in den Ansätzen viele für die Darstellungsart des späteren Tolstoi charakteristische Züge, manche seiner sich später immer mehr herausarbeitenden Ideen. Charakteristisch ist der ungemein einfache Aufbau der Erzählung ohne Verwickelungen und ohne Spannung, charakteristisch die Vorliebe, mit der das Innenleben Nikolenkas analysiert wird. So z. B., als Nikolenka am Sarge der Mutter während des Trauergottesdienstes steht. „Während der ganzen Zeit weinte ich, wie es sich gehört, bekreuzigte mich und beugte mich zur Erde, doch ich betete nicht im Herzen und war ziemlich kalt blutig. Ich empfand es unangenehm, daß der neue Halbfrack, den man mir angezogen, sehr in den Achseln drückte, dachte daran, ja nicht meine Hosen beim Knien zu bestauben, und stellte verstohlen meine Beobachtungen über alle Anwesenden an."

Vor allem jedoch leuchtet schon aus dieser ersten Erzählung die Liebe Tolstois zum Volk hervor, das er in scharfen Gegensatz zu den Vornehmen stellt. Der Vater, die Fürstin Kornakowa, der alte Fürst Iwan Iwanowitsch, sie können alle den Vergleich nicht aushalten mit dem alten, halbgebildeten Hauslehrer, dem einfältigen Pilger Grischa und der alten „Njanja" Natalja Sawischna. Vom Vater heißt es: „Seine Natur war so beschaffen, daß er für jede gute Tat unbedingt Publikum brauchte. Und für gut hielt er nur das, was das Publikum so nannte. Weiß Gott, ob er irgendwelche moralischen Überzeugungen hatte." Das ist der Typus des Mannes der großen Welt mit seinem Streben nach dem *comme il faut*. Als ein echter Mensch, der sich das wahre Gefühl bewahrt hat, erscheint dagegen Natalja Sawischna. Die Beileidsbezeugungen der Vornehmen sind dem Knaben unerträglich: „Die Trostworte, daß ihr dort wohl sei, daß sie zu gut für diese Welt war, erfüllten mich mit einem Gefühl des Ärgers." Als er aber am anderen Ende des Saales die Greisin knien sieht, die nicht weint, sondern die Hände weltentrückt im Gebet gefaltet hält, da kommt es ihm zum Bewußtsein: sie ist's, die die Mutter in Wahrheit geliebt hat. Er schmiegt sich an sie und findet Trost bei ihr, da sie in wahrhaftem Schmerz gebeugt ist und nicht die Eitelkeit der anderen hat, „betrübt, unglücklich oder fest bei dem Verlust zu erscheinen".

Der Mutter wird das Scheiden von dieser Welt schwer; ihr Tod ist qualvoll. Der Alten aber gelingt es, „die größte und beste Tat in diesem Erdenleben zu tun", ohne Bedauern und ohne Furcht zu sterben. Der Tod wird ihr leicht, weil sie sich den festen Kinderglauben bewahrt hat und das einzige Gesetz ihres aufopferungsvollen und arbeitsreichen Lebens das des Evangeliums gewesen ist.

Nach der günstigen Aufnahme dieser Erzählung bekam Tolstoi Mut und Lust zu neuen schriftstellerischen Versuchen. Im gleichen Jahre schrieb er den schon besprochenen „Morgen des Gutsbesitzers". Eigentlich hatte er den Plan, einen ganzen Roman „Der russische Gutsbesitzer" zu schreiben; doch blieb es bei diesem Bruchstück.

„Der Überfall, Erzählung eines Volontärs" ist die dritte Frucht dieses ersten Schaffensjahres. Der Stoff ist unmittelbar aus des Dichters Leben inmitten der kaukasischen Truppen genommen. Mit besonderer Wärme ist der brave Kapitän Chlopow gezeichnet, eine echt russische Seele. Er dient, wie er aufrichtig gesteht, im Kaukasus nicht aus Lust am Kampf, nicht aus Ehrgeiz, sondern wegen des doppelten Soldes, von dem er seine alte Mutter und seine Schwester unterstützt. Mit großer Nüchternheit blickt er auf den Krieg. „Tapfer ist der, der sich so führt, wie es sich gehört," ist seine Definition. Der kindliche, eben von der Schulbank kommende Fähnrich, der sich, ohne der Gefahr zu achten und ohne auf den Kapitän zu hören, in trunkenem Mut auf den Feind stürzt, muß seine Kühnheit mit dem Leben bezahlen. „Er fürchtet nichts, wie ist das möglich," sagt mißbilligend ein alter Soldat. „Fürchtest du dich denn etwa?" fragt der Erzähler. „Wie sollte ich nicht?" ist die einfache Antwort. So liegt auch hier wieder die Weisheit bei dem einfachen Mann aus dem Volke und dem Kapitän Chlopow, der dem Volke nahesteht.

Zum erstenmal schildert Tolstoi in dieser Erzählung die Schrecken des Krieges, die schon damals schwer auf seiner Seele lasteten und auf immer tiefe Spuren zurücklassen sollten. Ein Soldat wird von einer Granate getroffen. „Doch wozu soll ich die Einzelheiten dieses furchtbaren Schauspiels erzählen, wo ich doch viel darum geben würde, es selbst vergessen zu können!" ruft der Erzähler aus. Schon hört man Friedenstöne heraus: „Ist es denn wirklich den Menschen zu enge auf dieser schönen Welt unter dem unermeßlichen Sternenhimmel? Kann wirklich inmitten der bezaubernden Natur im Herzen des Menschen das Gefühl des Bösen, der Rache, die Sucht, seinesgleichen auszurotten, haften bleiben?" Haltet euch an die Natur, — das ist des Dichters Mahnwort. „Alles Böse im Menschenherzen müßte, glaube ich, dahinschwinden in der Berührung mit der Natur, dem unmittelbaren Ausdruck des Schönen und des Guten!"

4. Im Kriege.

Nur ein Vorspiel waren gewissermaßen die kleinen Kämpfe im Kaukasus. Es war Tolstoi beschieden, das blutige Drama eines wirklichen Krieges mitzuerleben. Im Jahre 1853 brach der Krieg mit der Türkei aus, indem ein russisches Heer von 40.000 Mann unter General Gortschakow im Juli den Pruth überschritt und in die Türkei einrückte. Am 4. Oktober erklärte die Pforte den Krieg, und bald folgte auch die Kriegserklärung der Westmächte: es begann der Krimkrieg.

Tolstoi wurde zum Stabe Gortschakows kommandiert und begab sich, nachdem er einen kurzen Urlaub zu Hause verlebt hatte, im Dezember über Bukarest zur Donauarmee. Er machte hier den für die Russen wenig rühmlichen Feldzug mit und war bei der erfolglosen Belagerung von Silistria, bis er im November 1854 nach Sewastopol kam, wo sich der letzte Akt des unglücklichen Krieges abspielte. Er blieb hier bis zum Abzug der russischen Truppen aus der so heroisch verteidigten Festung.

Doch selbst während der stürmischen Kriegszeit ruhte seine Feder nicht. Im Jahre 1854 erschien die große Erzählung „Knabenzeit", die Fortsetzung der „Kindheit". Nach dem Tode der Mutter kehrt Nikolaj Irtenjew in die Stadt zurück. Die Knabenzeit ist nicht so glücklich wie die Kindheit. Es erwachen die Leidenschaften in der jungen Seele, wie der Haß gegen seinen Peiniger St.-Jérôme, der den guten Karl Iwanowitsch ersetzt hat; seine Liebesregungen sind nicht mehr so rein wie in der Kindheit; er fängt an zu lügen. Der frühreife Knabe fühlt sich einsam unter seiner Umgebung und unverstanden (wie

Tolstoi in dem Hause seiner Tante): die Lektüre philosophischer Schriften führt ihn zum Skeptizismus, der ihn bis zum Wahnsinn quält. Endlich aber scheint das zarte und edle Gefühl der Freundschaft zu dem Kameraden seines älteren Bruders, Dmitrij Nechljudow, wie ein helles Licht in dieses dunkle Leben hinein und leitet über zur neuen, reizvollen und poesieverklärten Jünglingszeit. Nechljudow hat Verständnis für dieses seltsame junge Menschenkind, das es immer treibt, die Dinge auszusprechen, deren sich andere schämen würden. Er gibt dem dunklen Drange in ihm ein festes Ziel: die Bestimmung des Menschen sei ständiges Streben nach innerer Vervollkommnung. Damit tritt Irtenjew in die Jünglingszeit, die den Gegenstand einer späteren Erzählung Tolstois bildet.

Doch kehren wir nach Sewastopol zurück. Tolstoi war Zeuge, wie dieses Seebollwerk dank seiner heldenmütigen Verteidigung 349 Tage lang den vereinigten Truppen der Mächte standhielt. Im Mai 1855 wurde er zum Kommandanten der Bergbatterie ernannt und kämpfte in der unglücklichen Schlacht an der Tschornaja, am 16. August, mit. Nasarjew überliefert die Erzählung eines alten Offiziers, der uns darin ein Bild von seinem damaligen Batteriekameraden Tolstoi entwirft. Mit einem seligen Lächeln gedenkt der Greis jener Tage und berichtet: „Mit seinen Erzählungen und improvisierten Couplets ermunterte Tolstoi alle und jeden in den schweren Augenblicken des Kriegslebens. Er war, im wahren Sinn des Worts, die Seele der Batterie. Solange Tolstoi bei uns ist, merken wir gar nicht, wie rasch die Zeit vergeht, und die allgemeine Fröhlichkeit kann kein

Ende finden. Wenn aber der Graf nicht da ist, etwa nach Simferopol gefahren ist, lassen alle die Nasen hängen. Einen Tag bleibt er weg, den zweiten, den dritten ... Endlich ist er wieder da! Genau der verlorene Sohn: finster, abgemagert, unzufrieden mit sich selbst. Er nimmt mich beiseite, und nun beginnt die Reue. Alles beichtet er, wie er lustig gelebt, gespielt hat, wo er die Tage und die Nächte verbracht hat. Und, wollen Sie es glauben, dabei peinigt und quält er sich mit Gewissensbissen, als wäre er ein richtiger Verbrecher. Er kann einem wirklich leid tun, so verzweifelt ist er ... Kurz, er war ein merkwürdiger Mensch, offen gestanden, mir manchmal nicht recht verständlich. Aber andererseits ein seltener Kamerad, eine ehrliche, treue Seele. Ihn je zu vergessen, ist rein unmöglich."

Eines der hier erwähnten Couplets ist erhalten. Es ist ein bald nach der Schlacht an der Tschornaja verfaßtes Spottlied auf Gortschakow und die anderen russischen Befehlshaber, das so populär wurde, daß das ganze Heer es sang. Aber es machte auch böses Blut bei den Vorgesetzten und vereitelte Tolstois Hoffnungen, Flügeladjutant bei dem Großfürsten Michail Nikolajewitsch zu werden. Es sind dies übrigens neben einem Scherzgedicht an Fet die einzigen Verse, die unser Dichter je verfaßt hat.

Erstaunlich ist, daß Tolstoi in dem Kriegsjahr trotz des Dienstes noch Muße für seine künstlerische Tätigkeit fand. Das Jahr 1854 brachte noch die Erzählung „Der Holzschlag" und das erste der drei Sewastopoler Kriegsbilder.

„Der Holzschlag" ist die Erzählung eines Junkers.

Eine Division wird zum Holzschlagen ausgeschickt, bei welcher Gelegenheit uns der Dichter die russischen Truppen im Kaukasus schildert, die Offiziere und die einfachen Soldaten aus dem Volk. Tolstoi nimmt wieder deutlich für die letzteren Partei und führt uns liebevoll ihre verschiedenen Typen vor Augen. Ruhmsucht, Ehrgeiz, Habsucht führen den größten Teil der Offiziere in den Kaukasus; im Gegensatz dazu steht die schlichte, treue und freudige Pflichterfüllung der Soldaten. Die Offiziere bemühen sich, durch Witzeleien ihre Furcht zu verbergen, wenn die Granate platzt; der Soldat Antonow äußert ruhig und offenherzig, daß ihm bange ist. Die rührende Erzählung von dem Tode des „Regimentsschneiders" Welentschuk lehrt wieder, daß, wer einfach, klar und natürlich gelebt, auch ruhig und furchtlos sterben kann. „Seine letzten Augenblicke waren ebenso klar und ruhig wie sein ganzes Leben. Er hatte zu einfach und ehrlich gelebt, als daß sein einfältiger Glaube an jenes zukünftige himmlische Leben in der Stunde der Entscheidung hätte wanken können."

Die folgenden drei Sewastopoler Kriegsbilder waren das bedeutendste Werk, das Tolstoi bis dahin gelungen war. In drei Momenten zeigt er die belagerte Stadt: im Dezember 1854, im Mai und im Dezember 1855.

Im Dezember herrscht noch unverändert das Alltagsleben in Sewastopol; man wird nichts von dem Heldenmut der Verteidiger gewahr, von dem so viele Erzählungen im Umlauf sind. Um diesen Heldenmut recht zu erkennen, muß man in den Saal der Adelsversammlung gehen, der zum Hospital hergerichtet ist, wo die Märtyrer sich in ihren Qualen winden. Vom Hospital geht die

Wanderung zur vierten Bastion: dort erblicken wir die Verteidiger von Sewastopol bei ihrer blutigen Arbeit. Getröstet und erhoben verläßt der Beschauer den Kampfplatz, in dem Bewußtsein, daß es unmöglich ist, die Kraft des russischen Volkes wanken zu machen. Nicht in Bastionen, Minen, Geschützen liegt diese Kraft, sondern in dem Geist der Verteidiger, die nicht Ehrenkreuze und Titel, nicht Belohnungen noch Drohungen anspornen, sondern die angespannt ihre schwere Pflicht nur aus einer Triebfeder tun — der Liebe zum Vaterland. „Lange wird in Rußland große Spuren zurücklassen die Epopöe von Sewastopol, deren Held das russische Volk war," so schließt Tolstoi, seine Erzählung.

Einen begeisterten Wiederhall fanden seine Worte in Rußland. Die Kaiserin soll beim Lesen in Tränen ausgebrochen sein, und der Kaiser Nikolaj I. gab den Befehl, den jungen Dichter im Auge zu behalten und ihn von der 4. Bastion an einen weniger gefährlichen Ort zu versetzen.

Im Mai 1855 führt uns Tolstoi von neuem nach Sewastopol. Die Belagerung hat viele Verheerungen angerichtet. Doch noch spielt Militärmusik auf den Boulevards, und unter den blühenden Akazienbäumen lustwandeln geputzte Frauen und Offiziere. Trotz des stündlich drohenden Todes bleiben die vornehmen Herren der großen Welt die Gleichen. „Aristokrat" oder „Nichtaristokrat" das bleibt für sie eine wichtige Frage: der Stabskapitän Michailow getraut sich nicht, sich den Aristokraten anzuschließen, weil sie vielleicht seinen Gruß nicht erwidern konnten. „Eitelkeit, Eitelkeit, überall Eitelkeit selbst am Rande des Grabes und unter Menschen, die für eine hohe Überzeugung zu sterben bereit sind." Am Abend findet ein Hauptsturm statt. Michailow, den schon den ganzen Tag böse Ahnungen quälen, wird verwundet, sein neben ihm auf dem Boden kauernder Freund getötet. Ein Waffenstillstand wird geschlossen. Da zeigt sich, daß die einzelnen Menschen nichts von Feindschaft gegen einander wissen. Russen und Franzosen nähern sich; es entspinnt sich ein friedliches Gespräch. Die Offiziere sprechen von gemeinsamen Bekanntschaften, zollen sich gegenseitig das Lob der Tapferkeit. „N'est-ce pas terrible, la triste besogne, que nous faisons?" fragt einer. Und die gemeinen Soldaten radebrechen, lachen und scherzen …

Und wieder erhebt Tolstoi seine Anklage gegen den Krieg; es ist, als ob man den alternden Tolstoi der 90er Jahre hörte, wenn er ausruft: „Diese Menschen sind Christen, die ein einheitliches Gesetz der Liebe und Aufopferung bekennen, und sie fallen nicht auf die Knie beim Anblick dessen, was sie getan, vor dem, der ihnen dieses Leben gegeben und in die Seele eines jeden zugleich mit der Todesfurcht die Liebe zum Guten und Schönen gelegt hat, und umarmen sich mit Tränen der Freude und des Glückes, wie Brüder?"

Doch das Ringen geht weiter; es naht die Todesstunde von Sewastopol. Im Dezember führt uns Tolstoi zum letztenmal in die Stadt. Zwei Brüder treffen sich dort; der eine noch ein halbes Kind, der in jugendlichem Tatendrang dorthin eilt, von Auszeichnungen und Ehren träumend; der ältere, ein erfahrener Offizier, kehrt, eben von einer Wunde geheilt, zu seiner Batterie zurück. Tapfer kämpft der Jüngling alle Anwandlungen der Furcht nieder, die ihn angesichts der nie geschauten Greuel beschleichen will, bis ihn die allgemeine erhobene Stimmung mitreißt. Bei den letzten Kämpfen erleiden die beiden Brüder den Tod. Der jüngere, Wolodja, stirbt beim Sturm, von einer feindlichen Kugel getroffen; der ältere wird schwer verwundet und stirbt, glücklich infolge der frommen Täuschung des Geistlichen, die Russen hätten gesiegt. Er steht nicht mehr, daß der Malachow genommen ist, daß die russischen Truppen abziehen müssen von der Stätte, die sie so lange verteidigt haben. Sie ziehen ab mit einem dumpfen, nagenden Gefühl, gemischt aus Reue, Scham, Erbitterung. „Fast jeder Soldat, der von der Nordseite auf das verlassene Sewastopol blickte, seufzte, unsagbare Bitterkeit im Herzen, und drohte den Feinden."

Auch Tolstoi trat vom Kriegsschauplatz ab. Gleich nach der Übergabe Sewastopols wurde er als Kurier nach Petersburg geschickt; bald darauf nahm er seinen Abschied, nachdem er drei Jahre den Waffenrock getragen hatte. Eine bedeutungsvolle Periode war die Soldatenzeit in seinem Leben. Sie hatte ihm nicht nur kriegerische, sondern auch schriftstellerische Lorbeeren gebracht. Er hatte das Leben im Heer und den Krieg kennen gelernt und die Eindrücke gesammelt, die ihn zu der meisterhaften Darstellung von Truppen und Schlachten in seinem Hauptwerk „Krieg und Frieden" befähigten, zu dem sich die Sewastopoler Erzählungen gewissermaßen wie Skizzen verhalten. Er hatte sich eine selbständige Philosophie des Krieges erworben. Aber er nahm auch das Gefühl mit hinweg: „Ein furchtbar wütend Schrecknis ist der Krieg," — ein Gefühl, das, durch die religiösen Einflüsse in seinem späteren Leben immer mehr verstärkt, ihn zum leidenschaftlichen Prediger des ewigen Friedens werden ließ.

5. In Petersburg

Als Tolstoi nach der nordischen Hauptstadt kam, fand er allenthalben einen glänzenden Empfang. Umstrahlte ihn doch doppelter Ruhm, der eines der Tapferen von Sewastopol und der eines gefeierten Schriftstellers. Alle Türen standen ihm offen, vor allem aber nahm ihn der Kreis der Petersburger Schriftsteller freudig auf. „Ich kam mit den Schriftstellern zusammen. Sie nahmen mich als einen der ihren auf und schmeichelten mir," erzählt er in der „Beichte". Er stieg bei Turgenew ab, der damals schon einer der beliebtesten und gelesensten Autoren war. Hier sah ihn zum erstenmal Fet-Schenschin, der lyrische Dichter „der reinen Kunst", mit dem Tolstoi von 1858 bis 1892, Fets Todesjahr, eine immer inniger werdende Freundschaft verband. Fet erzählt in seinen „Erinnerungen", daß er bei einem Besuche in Turgenews Wohnung einen Säbel mit dem Annenbande hängen sah. Vom Diener erfuhr er, daß dieser dem Grafen Tolstoi gehöre, der noch im Salon schlafe. „Das geht schon die ganze Zeit so," sagte Turgenew lächelnd; „er ist aus Sewastopol von der Batterie zurückgekommen, ist bei mir abgestiegen und ist ganz außer Rand und Band. Trinkgelage, Zigeuner, Karten die ganze Nacht; dafür schlaft er bis zwei Uhr nachmittags wie tot. Anfangs ersuchte ich, ihn zurückzuhalten, aber dann habe ich es aufgegeben." Man sieht, Tolstoi hatte sich, wenigstens in der Praxis, zu jener Zeit mit dem Leben der großen Welt etwas ausgesöhnt. Die erste Bekanntschaft mit Fet war kurz und förmlich, doch hatte dieser von Tolstoi sofort den Eindruck eines ungewöhnlichen Menschen. „Vom ersten Augenblick an bemerkte ich in ihm eine unwillkürliche Opposition gegen alles Landläufige im Gebiet der Werturteile."

Der Kreis der Schriftsteller, in dem Tolstoi sich bewegte, umfaßte alle Leuchten der damaligen russischen Literatur. Es gibt zwei Bilder, die ihn mit diesen zusammen darstellen. Da steht er, noch in der Uniform, neben Turgenew, dem Dramatiker Ostrowskij, Nekraßow, Gontscharow, dem nachmaligen Verfasser des berühmten „Oblomow" u. a. Ja, es gibt sogar eine Karikatur aus jener Zeit, die ihn im Kreise dieser Größen darstellt, ein Zeichen, wie sehr er dem großen Publikum schon bekannt gewesen sein muß.

Turgenew war der Gutsnachbar Tolstois und hatte ihn schon früher einmal zu sich nach Spaskoje eingeladen, um mit ihm bekannt zu werden. „Wie eine alte Wärterin" folgte er jedem Schritt, den der zehn Jahre jüngere Dichter vorwärts tat, und war aufrichtig entzückt von seinen Werken. „Der Morgen des Gutsherrn" hatte ihm ungewöhnlich gefallen; anläßlich der „Knabenzeit" schreibt er 1854 prophetisch: „Wenn Gott Tolstoi das Leben schenkt, so wird er, das hoffe ich fest, uns noch alle in Erstaunen setzen." Ebenso freudig begrüßte er die Sewastopoler Erzählungen. Trotzdem konnte nie ein rechtes Freundschaftsverhältnis zwischen den beiden großen russischen Dichtern aufkommen. Sie waren zu große Gegensätze. Dazu soll Turgenew in seinen jüngeren Jahren eine gewisse Neigung zur Effekthascherei und

Phrasenhaftigkeit besessen haben; das waren Eigenschaften, die gerade Tolstoi nicht vergeben konnte. Ewig gab es Reibereien und Streit, selbst aus den kleinsten Anlässen. Fet erzählt sehr anschaulich eine dieser Szenen, die im Hause Nekraßows vor sich ging. „Turgenew kreischt und kreischt, faßt sich an den Hals und flüstert mit den Augen einer sterbenden Gazelle: „Ich kann nicht mehr, ich habe Bronchitis." Und er beginnt, mit Riesenschritten in den drei Zimmern auf und ab zu gehen. „Bronchitis," brummt Tolstoi hinterher, „ist eine eingebildete Krankheit!" Dem Wirt Nekraßow sinkt das Herz: er mochte Turgenews Partei ergreifen, fürchtet sich aber, Tolstoi zu beleidigen, in dem er eine Hauptstütze seines Journals sieht. Wir alle regen uns auf und wissen nicht, was da zu tun ist Tolstoi liegt auf dem Saffiansofa und ist böse; Turgenew hat die Schöße seines kurzen Jacketts zurückgeschlagen und geht, die Hände in den Hosentaschen, in den drei Zimmern umher. In der Erwartung einer Katastrophe trete ich an das Sofa und sage: „Liebster Tolstoi, regen Sie sich nicht auf! Sie wissen nicht, wie er Sie hochschätzt und liebt." „Ich gestatte ihm nicht," sagt Tolstoi mit aufgeblähten Nasenflügeln, „mir etwas zum Trotz zu tun. Jetzt geht er absichtlich immer auf und ab an mir vorbei und dreht seine demokratischen Schenkel hin und her."

Und leider blieben solche Reibereien nicht vereinzelt. Ein Jahr darauf schreibt Turgenew aus Paris: „Unsere Bekanntschaft wurde ungeschickt und zu unpassender Zeit geschlossen. Wenn wir uns wiedersehen, wird es leichter und besser gehen ... In der Entfernung (obschon das wunderbar klingt) schlägt mein Herz für

Sie, wie für einen Bruder." Doch bald schreibt er an andere wieder weniger zuversichtlich: „Ein inniges Verhältnis zwischen uns ist unmöglich; wir sind aus verschiedenem Ton geformt."

In Petersburg herrschte zur Zeit von Tolstois Anwesenheit ein ungemein reges literarisches Leben. Der Zar-Befreier war auf den Thron gekommen; es wehte wie Morgenluft. Die Zeit der Reformen stand vor der Tür, und allerhand bis dahin verschwiegene Wünsche wagten sich hervor. Die Schriftsteller waren natürlich die berufensten Vertreter der neuen Ideen. Darum folgte ihnen ein ganz besonderes Interesse, und sie waren auch tief durchdrungen von dem Bewußtsein ihres hohen Berufs. Etwas von diesen Anschauungen teilte sich auch Tolstoi mit, wie er in der „Beichte" mit gewohnter Offenheit erzählt. „Die Lebensanschauungen dieser Menschen, meiner Genossen von der Feder, bestanden darin, daß das Leben sich in beständiger Entwicklung befinde, und daß an dieser Entwicklung den Hauptanteil wir hätten, die Männer des Gedankens, und von den Männern des Gedankens wiederum den größten Einfluß wir hätten, die Künstler und Dichter. Unser Beruf ist, die Menschen zu lehren." Weiter schildert er die fieberhafte literarische Tätigkeit jener Zeit. „Wir alle waren damals überzeugt, wir müßten sprechen und sprechen, schreiben und drucken — so schnell wie möglich, so viel wie möglich, und alles das wäre für das Wohl der Menschheit nötig ... Tausende von Arbeitern arbeiteten Tag und Nacht mit versagenden Kräften und setzten und druckten Millionen Wörter, und die Post verbreitete sie über ganz Rußland."

Auch sein Schaffen in jenem Jahr war ungewöhnlich

ergiebig. 1856 schrieb er die „Jünglingszeit" (1855 begonnen, 1857 vollendet), ferner „Die Aufzeichnungen des Marqueurs", „Zwei Husaren", „Begegnung mit einem Moskauer Bekannten im Detachement", endlich „Schneesturm".

Die „Jünglingszeit" beginnt da, wo die „Knabenzeit" aufhört. Die Freundschaft mit Nechljudow, dem „wunderbaren Mitja", hat dem sechzehnjährigen Nikolai Irtenjew die neue Lebensanschauung gegeben, daß die Bestimmung des Menschen im Streben nach moralischer Vervollkommnung bestehe. Doch die große Welt zeigt ihren verderblichen Einfluß auf den jungen Menschen, Alles wird äußerlich bei ihm, auch er braucht Publikum. Bei der Beichte vergißt er, eine Sünde zu bekennen; früh morgens steht er auf und fährt ins Kloster, um dem Geistlichen noch einmal zu beichten. Doch kann er nicht umhin, bei der Rückfahrt dem biederen Rosselenker diese gute Tat selbstgefällig zu erzählen, und ist sehr gekränkt, als der einfache Mann ihn nicht versteht. Er macht das Eintrittsexamen in die Universität und wird „ein Großer": er trinkt Champagner mit den Kameraden seines Bruders, fängt Händel an; er schneidet auf und prahlt, und wie er sich aus Eitelkeit die Brauen beschneidet, damit sie dichter und stärker wachsen, so ist er auch stets bemüht, originell zu erscheinen. Die Menschen teilt er nur in zwei Klassen ein: *comme il faut* und *comme il ne faut pas*. „Ich hätte keinen berühmten Künstler, keinen Gelehrten, keinen Wohltäter des Menschengeschlechts geachtet, wenn er nicht *comme il faut* gewesen wäre. Ein Mensch *comme il faut* stand ohne Vergleich höher." So kommt Irtenjew auf die Universität. Er nimmt an den Trinkgelagen der Vornehmen teil, lernt aber auch bei gemeinsamen Examensvorbereitungen das arbeitsame, der Wissenschaft gewidmete Leben der armen Studenten niedriger Herkunft kennen. Nach solchen Abenden kommt ihm dann bisweilen der Gedanke, daß in seinen Lebensansichten etwas nicht richtig wäre. Als das erste Examen kommt, fällt er durch. Nun ist seine Eitelkeit gebrochen. Er hält Einkehr bei sich selbst, unter Tränen nimmt er das zu Anfang der Jünglingszeit begonnene Heft „Lebensregeln" vor, und Reue und neues Streben stellt sich ein: fortan will er nichts Schlechtes mehr tun. Mit einer Aussicht auf die folgende, „glücklichere Hälfte der neuen Jugend", die er zu erzählen verspricht, bricht die „Jünglingszeit" ab. Leider hat Tolstoi dieses Versprechen nicht wahr gemacht.

Von Nechljudow hören wir in der zweiten Erzählung, den „Aufzeichnungen des Marqueurs". In schlichten, packenden Worten erzählt der Marqueur, wie der junge Nechljudow, von seinen Klubkameraden verführt, dem Spielteufel verfällt. Er verspielt alles, was er hat, und mehr; er spielt selbst mit dem Marqueur, nur um überhaupt spielen zu können. Als er zum Bewußtsein kommt, daß er rettungslos verloren ist, erschießt er sich, nachdem er noch einmal seiner Leidenschaft gefrönt hat. Er hinterläßt einen rührenden Brief: „Wenn ich allein blieb, schämte und fürchtete ich mich vor mir selbst. Wenn ich aber mit den anderen zusammen war, so hörte ich die innere Stimme nicht mehr, und ich sank tiefer und tiefer." So fällt Nechljudow als ein Opfer der großen Welt.

Eine gewisse Ähnlichkeit mit dieser Geschichte zeigt

die „Begegnung mit einem Moskauer Bekannten im Detachement". Auch hier ist ein Moskauer Bekannter Nechljudows, der als Erzähler auftritt, von Stufe zu Stufe gesunken, bis er alles Ehrgefühl verloren hat. Er hängt an seinem schmachvollen Leben so sehr, daß er nicht den Mut finden kann, es von sich zu werfen.

In den „Zwei Husaren" führt Tolstoi zwei Generationen vor, Vater und Sohn, beide Husaren. Beide führen das öde, nichtige Leben der großen Welt. Über dem flotten Reiterleben des Vaters mit seinen tollen Streichen liegt wenigstens noch ein Hauch von Poesie; er ist Soldat mit Leib und Seele, sympathisch in seiner Unmittelbarkeit und Wildheit. Der Sohn ist ein welker, blasierter, junger Mann: Spiel und Weiber, weiter hat er keine Interessen. In kühnem Ansturm erringt der Vater die Gunst der Schönen; der Sohn schleicht bei Nacht und Nebel an das Fenster, und als sein schwarzer Verführungsplan nicht gelingt, hat er nur das peinliche Gefühl, „es dumm angefangen zu haben".

Weit bedeutender ist die letzte Erzählung, „Der Schneesturm". Hier lernen wir das russische Volk bei der Arbeit kennen: wackere Postkutscher bringen den reisenden Erzähler, der im Land der donischen Kosaken von einem Schneesturm überrascht wird, glücklich aus aller Gefahr an die sichere Station. Das alles geschieht in reiner Pflichterfüllung, als ob es selbstverständlich wäre, ohne viele Worte. Großartig und stimmungsvoll ist die Beschreibung der grausigen Winternacht auf der endlosen Schneefläche; meisterhaft ist geschildert, wie dem Reisenden bei der raschen Fahrt im Halbschlaf wirre, rasch gleitende Träume kommen, die beim Erwachen jäh abbrechen.

Diese fünf Erzählungen Tolstois vom Jahre 1856 mehrten und befestigten seinen Ruhm. „Wenn dieser junge Wein ausgärt, wird er ein Getränk geben, das der Götter würdig ist," schrieb Turgenew im Dezember des Jahres aus Paris. Und an Tolstoi selbst schrieb er: „Wenn Sie nicht vom Wege abirren (und, ich glaube, es liegt kein Grund vor, das anzunehmen), werden Sie weit gelangen."

Er ahnte damals wohl nicht, daß Tolstoi fünfundzwanzig Jahre darauf wirklich — wenigstens nach Turgenews und vieler anderer Verehrer Meinung — vom Wege abirren sollte, der ihm so klar und unzweifelhaft vorgezeichnet schien.

6. Die Jahre bis zur Heirat.

Den Sommer des Jahres 1856 verlebte Tolstoi auf seinem Gut, den Winter brachte er in Moskau zu, wo seine Geschwister, der älteste Bruder Nikolaj und seine Schwester Maria, wohnten. Besonders innig war das Verhältnis mit seinem Bruder Nikolaj. Dieser war ein bedeutender Mensch, der alle, die mit ihm zusammentrafen, durch seine einfache, gutmütige Art, seine ungewöhnliche Lebensweisheit, die ihm bei seinen Freunden den Beinamen Firdust eintrug, bezauberte. Er war der bedürfnisloseste Mensch, wohnte stets in der denkbar einfachsten Wohnung an der äußersten Peripherie der Stadt und teilte seinen letzten Heller mit dem Bedürftigen. „Alle seine Bekannten liebten, ja vergötterten ihn," erzählt Fet. An Leo hing er mit inniger Liebe, wenn er es auch nicht unterlassen konnte, hin und wieder gutmütig über die vornehmen Allüren zu spotten, die sein jüngster Bruder in jener Zeit angenommen hatte. Das angenehme Zusammenleben der Geschwister wurde aber bald durch eine Auslandsreise Tolstois unterbrochen. Im Januar 1857 reiste er über Deutschland nach Paris, wo er mit Turgenew und Nekraßow angenehme Tage verlebte. Durch Italien und die Schweiz kehrte er im Sommer nach Rußland zurück. Ein Erlebnis in Luzern gab ihm den Stoff zu einer „Luzern" betitelten Erzählung, die er wieder seinem Liebling Nechljudow in den Mund legt.

Am 7. Juli 1857 singt ein armer Tiroler Sänger vor dem Hotel Schweizerhof in Luzern, wo nur die Reichsten der Reichen absteigen, seine Lieder zur Gitarre. Geputzte Damen und Herren in großer Zahl hören ihm zu, als er aber um ein Almosen bittet, tut er es dreimal vergeblich. Ja, sie lachen über ihn, und beschämt schleicht er sich von dannen. Da entbrennt ein heiliger Zorn in Tolstoi-Nechljudow, er eilt dem armen Teufel nach, und unbekümmert um das Entsetzen und die Bemerkungen der Herrschaften, um das unverschämte Lächeln der Kellner führt er den Armen, wie zum Protest, in das vornehme Restaurant und trinkt mit ihm Champagner, während ihm der Sänger gutmütig, doch verängstigt aus seinem Leben erzählt. Danach gibt sich Nechljudow seinen trüben Gedanken hin, die zuletzt in harte Anklagen ausklingen. Die Tatsache, daß der arme Sänger kein Almosen erhalten, sei „ein Ereignis, das die Historiker unserer Zeit mit feurigen, unvertilgbaren Buchstaben aufzeichnen müßten", weil es wichtiger sei als alle Tatsachen, die in den Zeitungen und Geschichtsbüchern stehen. Wichtig und neu, weil es nicht mit den ewigen schlechten Seiten in der Menschennatur in Zusammenhang stehe, sondern erklärt werden müsse aus einer gewissen Epoche der Entwickelung der Gesellschaft. „Dies ist ein Faktum nicht für die Geschichte der menschlichen Taten, sondern für die Geschichte des Fortschritts und der Zivilisation." In keinem deutschen, französischen oder italienischen Dorfe wäre dieses Ereignis möglich; wie denn hier, wo sich als Reisende die Zivilisierten der zivilisiertesten Nationen versammeln? Die Antwort ist: die Zivilisation zerstört im Menschen das einfache, natürliche, ursprüngliche Gefühl von Mensch zu Mensch.

Wieder scheint uns Rousseau durch Tolstois Mund zu sprechen. Schon jetzt stößt man bei ihm auf die Absage an Zivilisation und Kultur: es ist nur ein kleiner Schritt von „Luzern" zu „Was sollen wir denn tun?", obschon volle 25 Jahre dazwischenliegen.

Im Winter 1857 war Tolstoi wieder in Moskau und genoß, wie berichtet wird, trotz seiner Abneigung gegen die Zivilisation das hauptstädtische Leben in vollen Zügen. Fet hatte geheiratet und lebte in Moskau; oft fanden bei ihm musikalische Abendunterhaltungen statt, die auch die Tolstois gern besuchten. Meist freilich kamen Maria und Nikolaj allein: von Leo hieß es dann: „Ljowotschka hat wieder den Frack und weißen Schlips angelegt und ist auf Ball gegangen." Bei Tage spazierte er gern, wie Fet erzählt, stutzerhaft gekleidet in der Stadt umher: in einer neuen Pekesche mit grauem Biberkragen und einem neuen glänzenden, schief aufgesetzten Hut, unter dem sich die langen blonden Locken ringelten; in der Hand ein modernes Stöckchen. Besonders gern nahm er an den Turnübungen teil, die damals bei der vornehmen Jugend in die Mode gekommen waren. Wer ihn sicher treffen wollte, der mußte zwischen 1 und 2 Uhr in den Turnsaal auf der großen Dmitrowka gehen: da konnte man unsern Dichter, in rosa Trikot gekleidet, mit einer gewissen Begeisterung über das hölzerne Pferd springen sehen.

Zu Ende des Jahres fuhr Tolstoi wieder einmal nach Paris; zu Weihnachten war er wieder zu Hause. Auf der Rückkehr schrieb er in Dijon die Erzählung „Albert" nieder, die auch auf einem persönlichen Erlebnis beruht. In einem Vergnügungslokal der schlimmsten Art findet ein Besucher einen verkommenen, dem Trunke verfallenen Musiker. Sein Talent ist so stark, daß er selbst an dieser traurigen Stätte durch sein Geigenspiel die Anwesenden ergreift und mit sich fortreißt. Der Besucher beschließt in tiefem Mitleid, den Unglücklichen zu retten und in ihm ein neues Leben zu erwecken. Er nimmt ihn zu sich, doch die rettende Hand kommt zu spät. Zu tief ist Albert dem Laster verfallen. Bei Nacht und Nebel reißt er sich los und kehrt im Delirium an den Ort zurück, aus dem ihn Delessow gerettet hat.

Diese Erzählung hat also wieder das traurige Sinken einer begabten Menschennatur zum Thema, wie die „Aufzeichnungen des Marqueurs" und „Die Begegnung mit einem Moskauer Bekannten".

Das Jahr 1858 verlebte Tolstoi auf seinem Gute, ohne etwas zu schreiben. Ein Jagdabenteuer hätte ihm zu Anfang dieses Jahres fast das Leben gekostet. Ein Bekannter lud Fet und die Brüder Tolstoi zu einer Bärenjagd ein. Nach Fets anschaulicher Erzählung stand Tolstoi fast bis zum Gürtel in tiefem Schnee, als plötzlich eine gewaltige Bärin geradewegs auf ihn zukam. Er zielte und drückte ab, doch er tat einen Fehlschuß; in der Rauchwolke sah er eine schwarze, anstürmende Masse vor sich. Er schoß noch einmal; die Kugel drang dem Tier in den Rachen, prallte aber an den Zähnen ab. Beiseite springen konnte er nicht wegen des tiefen Schnees; Fets Flinte zu ergreifen, war keine Zeit mehr. Er fühlte einen heftigen Stoß und taumelte rücklings zu Boden. In ihrem Ansturm sprang die Bärin über ihn hinweg. Er gab sich verloren. Da sah er auch schon etwas Dunkles über seinem Kopf; es war die Bärin, die im Augenblick umgekehrt war und daran ging, den Schädel des unglücklichen Jägers zu durchbeißen. Das einzige, was er tun konnte, war, den Kopf tief zwischen die Schultern zu ziehen und dadurch seine Pelzmütze dem Ungetüm in den Rachen zu schieben. So ging der Biß noch glücklich fehl, doch die Bärin riß ihm mit den Oberzähnen die Wange unter dem linken Auge auf und mit den Unterzähnen die linke Hälfte der Haut vom Schädel ab. Da endlich kam die Rettung in Gestalt des Jägers Ostaschkow, der das Untier verscheuchte. Über und über blutend wurde Tolstoi verbunden. „Was wird nur Fet dazu sagen!" waren seine ersten Worte.

Überhaupt verband ihn seit diesem Jahre mit Fet eine innige Freundschaft. Im März besuchte ihn dieser auf Jasnaja Poljana und freute sich über das stille, harmonische Leben, das unser Dichter dort mit seiner Erzieherin, der guten Tante Tatjana Alexandrowna, führte.

Seit dieser Zeit fing Tolstoi an, sich mit besonderem

Eifer der Landwirtschaft hinzugeben. Er empfand ein Vergnügen, die Arbeiten der Bauern zu teilen. Sein Bruder schildert, wie er hinter dem Pfluge hergeht und dabei die Ellbogen spreizt, ganz wie es sein Lieblingsbauer Jufan tut. Mit vollen Zügen genießt er jetzt das Landleben und die Natur. „Was für ein Pfingsttag war gestern! Was für ein Gottesdienst, mit verblühendem Faulbaum, grauen Haaren und grellroten Bauernrücken, und dazu die heiße Sonne!" schreibt er im Mai an Fet. Aber auch das Turnen gab er dabei nicht auf, wobei es denn manchmal zu ergötzlichen Szenen kam. „Ljowotschka" — so erzählt sein Bruder Nikolaj — „will alles auf einmal tun, nichts aufgeben, auch das Turnen nicht. An dem Fenster seines Arbeitszimmers ist ein Reck aufgestellt. Natürlich hat er recht, wenn er sich von den Vorurteilen freimacht, gegen die er immer zu Felde zieht. Aber der Dorfschulze hat doch eine andere Anschauung von der Sache. ‚Man kommt,' sagt er, ‚zum Herrn, um seine Befehle zu hören. Der Herr aber hat ein Knie um die Stange geschlungen, hängt in einer roten Jacke mit dem Kopf nach unten und schwingt sich. Die Haare stehen ihm vom Kopf ab und flattern, das Gesicht ist mit Blut unterlaufen: soll man nun Befehle empfangen oder ihn anstarren?"

Auch das Jahr 1859 verbrachte Tolstoi mit kurzen Unterbrechungen auf dem Gute; während dieses Jahres schrieb er „Familienglück" und „Drei Tode".

„Familienglück" ist unzweifelhaft eine der schönsten Schöpfungen Tolstois. Die siebzehnjährige Mascha lebt als elternlose Waise im Trauerjahre mit ihrer Erzieherin und ihrem jüngeren Schwesterchen einsam auf dem Lande. Sie verliebt sich in ihren Gutsnachbarn und Vormund, den neunzehn Jahre älteren Sergej Michailowitsch, den ersten Mann, der ihr entgegentritt. Sehr zart ist das Erwachen der Liebe in beiden geschildert. Lange schwankt er, ob er das Leben dieses jungen, unerfahrenen Wesens an das seine ketten dürfe. Doch die Liebe siegt über alle Erwägungen; sie heiraten und führen ein glückliches, sonniges Leben auf dem Gute. Sergej ist auf dem Gipfel des Glücks. Es klingt wie ein Selbstbekenntnis des Dichters, wenn er ihn sagen läßt: „Ein stilles, einsames Leben in der Abgeschiedenheit des Gutes, mit der Möglichkeit, den Menschen Gutes zu tun, denen Gutes zu tun so leicht ist, woran sie nicht gewöhnt sind; dann die Arbeit, die Arbeit, von der man glaubt, daß sie Nutzen schafft. Dann die Erholung, die Natur, Bücher, Musik, Liebe zu einem nahestehenden Menschen: das ist mein Glück; ein höheres erträume ich mir nicht." Doch die junge Frau kann sich auf die Dauer nicht glücklich fühlen auf dem Lande: sie dürstet nach Leben, nach Bewegung, da sie sich noch nicht ausgelebt hat, wie ihr Gatte. So zieht er mit ihr in die Hauptstadt. Es ist zum Unheil, denn das Leben der großen Welt, das sich auch hier wieder verderblich zeigt, reißt sie mit sich fort. Sie gerät in den Taumel der Vergnügungen, sie bangt vor dem Landleben. So tritt eine Entfremdung zwischen den Gatten ein, immer kühler werden ihre Beziehungen, trotzdem ihnen zwei Kinder geboren werden. Sie kann mit dem rauschenden Leben nicht aufhören. Erst als ihr in einem deutschen Badeort ein italienischer Marquis mit dreistem Liebeswerben naht, kommt sie zur Besinnung. Sie eilt zu ihrem Gatten mit der Bitte, mit ihr wieder aufs Land zu ziehen. Aber sein Vertrauen scheint dahin; er sagt: „Ich weiß, du kannst es ja doch nicht aushalten." Doch in der Stille des Landlebens finden sich die Gatten wieder und erleben ein neues, ganz anders geartetes Glück in der Liebe zu ihren Kindern. „Damit endete mein Roman mit meinem Mann; das alte Gefühl wurde eine teure, unwiederbringliche Erinnerung, doch ein neues Gefühl der Liebe zu meinen Kindern und zu dem Vater meiner Kinder legte den Grund zu einem neuen, in vollständig anderer Weise glücklichen Leben."

So könnte man den Sinn dieser reizvollen Novelle kurz mit den Worten unseres Dichters wiedergeben: „Die Leidenschaft flieht, die Liebe muß bleiben."

In der Erzählung „Drei Tode" haben wir wieder die bei Tolstoi so häufige Gegenüberstellung von den Vornehmen und den Menschen aus dem Volk. Wie qualvoll stirbt die reiche, vornehme Dame, die ihr Leben hat genießen können, wie klammert sie sich mit allen Fasern an dieses Leben, hofft selbst nach der letzten Ölung noch auf die Wunderkräuter eines Scharlatans! Und alles, trotzdem ihr die Angehörigen sorgsam die Nähe des Todes verheimlichen. Der alte Bauer hingegen, dessen Leben Mühe und Arbeit war und ihm schon lange zur Last ist, stirbt friedlich und ohne Todesfurcht, obschon seine Umgebung ihm offen von seinem Tode spricht: der junge Bursche bittet sich sogar seine Stiefel aus, da er sie ja doch nicht mehr brauche. Der Alte gibt sie ruhig dahin und fordert nur, daß der Junge ihm zum Dank einen Stein oder ein Kreuz aufs Grab setze. Still und unbemerkt stirbt er bei Nacht, fast so ruhig und bewußtlos, wie der Baum des Waldes stirbt, den der Junge an einem taufrischen Morgen fällt, um das Kreuz daraus zu schneiden: je näher der Mensch der Natur steht, desto leichter vollbringt er „des Lebens größte Tat" — den Tod.

Ein ernster Stoff, den sich Tolstoi für diese Erzählung erwählt hatte. Ahnte er wohl, daß der Tod bald bei seinen Lieben einkehren würde? ... Im Frühjahr 1860 stellten sich bei Nikolaj Tolstoi die ersten Anzeichen der Schwindsucht ein. Im Mai beschloß er, mit seiner Schwester Maria und seinem Bruder Sergej zur Kur ins Ausland zu reisen. Die Ärzte rieten zu Soden, und man wählte das Taunusbad um so lieber, als auch Turgenew dort weilte. Im Juni reisten sie ab. Nun begann sich auch Ljow Tolstoi auf seinem Gut einsam zu fühlen; die quälende Sorge um den fernen Bruder kam hinzu ... „Ich bin in großem Zwiespalt mit mir selbst," schreibt er im Juni an Fet. „Die Wirtschaft in dem Maße, wie sie bei mir betrieben wird, drückt mich ... Familienangelegenheiten, die Krankheit Nikolenkas, von dem ich aus dem Ausland noch keine Nachricht habe, die Abreise der Schwester — alles das drückt mich auch. Um der Schwester behilflich zu sein und um Nikolenka zu sehen, nehme ich morgen einen Auslandspaß und reise zu ihnen."

Gesagt, getan. Tolstoi fuhr von Petersburg aus zu Dampfer nach Stettin, wo er am 5. Juli landete. Einmal im Ausland, beschloß er auch alles ihn dort Interessierende zu studieren; besonders lag ihm die Volksschule am Herzen, die er auf seinem Gute einführen wollte. In Berlin blieb er eine Woche, hörte Vorlesungen an der Universität, besuchte, wie Löwenfeld berichtet, Sitzungen des Handwerkervereins und besichtigte das Moabiter

Zellengefängnis. In Leipzig blieb er einen Tag und besah sich Schulen; in Dresden besuchte er Berthold Auerbach, dessen Werke er mit Begeisterung gelesen und dessen „Dorfgeschichten" eine verwandte Saite in seinem Innern angeschlagen hatten. Einige Wochen verweilte er zur Kur in Kissingen; am 26. August traf er mit den Geschwistern in Soden zusammen. Nikolajs Zustand war hoffnungslos. Er sollte den Winter im Süden verbringen; Tolstoi begleitete ihn nach Hyères bei Nizza. Am 20. September starb Nikolaj in seinen Armen. Tolstoi brach fast zusammen vor Schmerz; dumpfe Verzweiflung spricht aus seinem Brief an Fet vom 17. Oktober, der hier ganz wiedergegeben sei, weil er so ungemein charakteristisch für Tolstoi und seine Lebensauffassung ist. Er schreibt: „Nichts im Leben hat auf mich einen solchen Eindruck gemacht. Er hatte recht: es gibt nichts Schlimmeres als den Tod. Und wenn man sich recht überlegt, daß er doch von allem das Ende ist, so gibt es auch nichts Schlimmeres als das Leben. Warum soll man sich mühen und sorgen, wenn von dem, was Nikolaj Tolstoi war, für ihn nichts mehr übrig bleibt? Er sagte nicht, daß er das Nahen des Todes fühle, doch ich weiß, daß er auf jeden seiner Schritte lauschte und genau wußte, was noch blieb. Einige Minuten vor dem Tode war er eingeschlummert; plötzlich fuhr er auf und flüsterte voller Entsetzen: ,Was ist das?' Da sah er ihn, seine Absorption ins Nichts. Und wenn er schon nichts fand, woran er sich halten konnte, was werde ich finden? Noch weniger. Und sicherlich werde weder ich noch ein anderer so mit ihm ringen wie er ... Bis zur letzten Minute ergab er sich nicht, tat alles selbst, versuchte zu arbeiten, fragte mich über Schriftstellerei, gab Ratschläge. Doch all das, denke ich, tat er nicht mehr aus innerem Triebe, sondern aus Prinzip. Eins blieb bis zum Ende — die Natur. Am Abend vorher ging er in sein Schlafzimmer und fiel erschöpft auf sein Bett am offenen Fenster. Ich kam hinzu; er sagte mit Tränen in den Augen: ‚Wie glücklich war ich jetzt die ganze Stunde,‘ — Von Erde bist du genommen, zur Erde sollst du werden. Das Eine ist geblieben, die vage Hoffnung, daß dort in der Natur, deren Teil man in der Erde wird, etwas bleibt und gefunden werden wird. Alle, die seine letzten Augenblicke sahen, sagen: ‚Wie wunderbar friedlich ist er gestorben!" Doch ich weiß, wie entsetzlich qualvoll, weil mir nicht eines seiner Gefühle entging. Tausendmal sage ich mir: Lasset die Toten ihre Toten begraben. Doch was soll man mit den Kräften anfangen, die noch vorhanden sind? Man kann nicht den Stein überreden, nach oben zu fallen, anstatt zur Erde, wohin es ihn zieht. Man kann nicht den Scherz belachen, der langweilig geworden. Man kann nicht essen, wenn man keinen Hunger hat. Wozu alles, wenn schon morgen die Todesqual beginnen kann, mit aller Garstigkeit der Lüge, der Selbsttäuschung, und es mit dem Nichts, der Null für dich endet! Wahrlich amüsant! Sei nützlich, sei tugendhaft, glücklich, solange du lebst, sagen die Menschen zu einander; und du, das Glück und die Tugend haben ihren Grund in der Wahrheit. Die Wahrheit aber, die ich bei meinen zweiunddreißig Jahren gefunden habe, ist, daß unsere Lage schrecklich ist. ‚Nehmt das Leben, wie es ist; ihr selbst habt euch ja in diese Lage gebracht.‘ Nun, ich nehme das Leben, wie es ist. Sobald der Mensch zur höchsten Stufe seiner Entwickelung gelangt, sieht er deutlich, daß alles Unsinn und Täuschung ist, und daß die Wahrheit, die er doch über alles liebt, entsetzlich ist. Wenn man das klar und deutlich sieht, so erwacht man und sagt voll Entsetzen, wie mein Bruder: ‚Was ist das?‘ Doch, versteht sich, solange man den Wunsch hegt, die Wahrheit zu kennen und zu sagen, bemüht man sich, sie zu kennen und zu sagen. Das ist das einzige, was mir aus der Welt der Moral geblieben ist; höher kann ich nicht gelangen. Dieses Eine werde ich aber auch tun, doch nicht in der Form Eurer Kunst. Die Kunst ist Lüge, und ich kann nicht mehr die schöne Lüge lieben ... Ich werde den Winter hier verleben, weil ich einmal hier bin und es schließlich ganz gleich ist, wo man lebt."

Aus diesem ergreifenden Brief klingen schon deutlich die Töne heraus, die Tolstoi später in der „Beichte" anschlägt. Er blieb in der Tat noch eine Zeitlang in Hyères. Dann ermannte er sich und riß sich los. Nach einem kurzen Besuch von Genf reiste er durch ganz Italien. Dann ging es über Marseille, wo er besonders eingehend Volks- und Arbeiterschulen besichtigte, nach Paris. Auch London besuchte er und Brüssel; in Deutschland hielt er sich in Weimar, Gotha und Eisenach auf, wo ihn besonders die Kindergärten beschäftigten.

Im April 1861 war er wieder in der Heimat. Die Erfahrungen, die er auf pädagogischem Gebiet im Ausland gesammelt hatte, wollte er nun in Tat umsetzen, wohl zugleich, um eine zerstreuende und belebende Beschäftigung zu finden. Schon im Mai reichte er ein Gesuch bei der Regierung ein, ihm die Gründung einer Volksschule auf Jasnaja Poljana zu gestatten.

Noch ein trauriges Ereignis erlebte er in diesem Jahr: den völligen Bruch mit Turgenew. Tolstoi und Turgenew trafen auf dem Gute ihres gemeinsamen Freundes Fet, Stepanowka, zusammen. Turgenew erzählte von der Erziehung seiner unehelichen Tochter. Er hatte eine englische Gouvernante für sie engagiert, die besonders bestrebt war, den Wohltätigkeitssinn in dem Kinde zu entwickeln. „Jetzt," erzählte Turgenew, „verlangt sie, daß meine Tochter die abgetragenen Kleider der Armen in die Hand nimmt, sie eigenhändig ausbessert und sie ihnen zurechtgemacht wiedergibt." „Und das halten Sie für gut?" fragte Tolstoi. „Freilich; das bringt die Wohltäterin mit der wahren Not in Berührung." „Und ich halte dafür," erwiderte Tolstoi, „daß ein ausgeputztes Mädchen, das schmutzige und übelriechende Lumpen auf den Knien hält, eine unwahre, theatralische Szene aufführt." „Ich lasse mir das nicht sagen!" fuhr Turgenew auf, „Warum soll ich nicht das sagen, was ich denke?" antwortete Tolstoi. Turgenew geriet in Wut und erwiderte scharf. Die beiden einstigen Freunde verließen sofort das Gut; es kam sogar zu einer Herausforderung zum Zweikampf, der indes zum Glück nicht stattfand. Der Bruch war da und blieb bestehen. Erst siebzehn Jahre später versöhnten sich die beiden großen Dichter.

Man ersieht aus dieser Erzählung, daß es keine Phrase für Tolstoi war, wenn er schrieb: „Die Wahrheit kennen und sie sagen." Was er dachte, mußte heraus; vor allem sprach er die Wahrheit da aus, wo er auf Unwahres und Falsches stieß, unbekümmert, was daraus entstehen könnte. Diesem Prinzip ist er stets treu geblieben. Hier kostete ihm die Wahrheit das freundschaftliche Verhältnis zu Turgenew, das sich gerade erfreulich zu gestalten begann.

Doch wenden wir uns zu Tolstois schriftstellerischer Tätigkeit wahrend der letzten beiden Jahre. 1860 hatte er „Polikuschka" geschrieben, 1861 schrieb er „Die Kosaken", eine Geschichte aus dem Kaukasus vom Jahre 1852, die 1863 gedruckt wurde.

„Polikuschka", wie der Bauer Polikej allgemein genannt wird, ist der Roßarzt des Dorfes. Wie er eigentlich zu dieser Würde gekommen, weiß er selbst nicht zu sagen. Genug, „je mehr Pferde er quälte und tötete, desto mehr brachte man zu ihm". Außerdem ist er ein Trunkenbold und bereits mehrfach beim Diebstahl ertappt. Schon schlägt der Verwalter der Gutsherrin vor, ihn als Rekruten einzustellen. Doch die Herrin will Polikuschka wohl, weil er Reue gezeigt und ihr das Wort gegeben hat, nicht mehr zu stehlen. Nun will sie sozusagen ein Experiment mit seiner Ehrlichkeit machen: sie schickt ihn nach der Stadt, eine große Summe Geldes einzukassieren. Polikej ist selig über das Vertrauen und mit ihm seine Familie. Frühmorgens fährt er nach der Stadt; als Rekrut wird an seiner Stelle Iljuschka dorthin gebracht, der sich von seinem jungen Weibe losreißen muß, weil ihn sein reicher Oheim, der hartherzige Bauer Dutlow, nicht freikaufen will. Polikej nimmt das Geld in Empfang und widersteht standhaft allen Versuchungen. Doch sein Unglück will es, daß er auf dem Heimweg den Brief mit dem Gelde verliert. Verzweifelt kommt er nach Hause. Ihm, dem Diebe, wird ja doch niemand glauben; so geht er hin und erhängt sich. Als sein braves Weib die Schreckensbotschaft empfängt, läßt sie ihr Kind im Badewasser ertrinken und verliert den Verstand. Unterdes findet der reiche Dutlow den Geldbrief auf dem Wege und überbringt ihn der Gutsherrin. Doch diese liegt in einem hysterischen Anfall darnieder und will von dem Unglücksgelde nichts wissen: wer es gefunden habe, der solle es auch behalten. In der Nacht drückt den reichen Dutlow der Alp in Gestalt Polikejs, so daß er früh am Morgen zur Stadt fährt und seinen Neffen loskauft: so geschieht mit dem Gelde wenigstens noch etwas Gutes.

Auch der Mann aus dem Volk, und sei er der niederste, hat sein Ehrgefühl, gerade wie die Vornehmen: das lehrt Tolstoi in dieser künstlerisch vollendeten Erzählung. Turgenew gibt wohl die allgemeine Stimme wieder, wenn er schreibt: „Ich las Tolstois ‚Polikuschka‘ und bewunderte die Kraft dieses großen Talents ... Manchmal überlief mich eine Gänsehaut, und ich bin doch abgehärtet. Meister, Meister!"

Tolstoi selbst indes urteilte seiner Gewohnheit nach skeptisch. „Polikuschka", schreibt er, „ist eine Plauderei über das erste beste Thema von einem Menschen, der mit der Feder umzugehen versteht. ‚Die Kosaken‘ sind mit Herzblut geschrieben, wenngleich auch schlecht."

In der Tat fühlt man in den „Kosaken" eine ganz besonders tiefe Anteilnahme des Dichters an seinem Stoff. Vieles ist offenbar Selbstbekenntnis. Zum letztenmal führt uns Tolstoi in die schöne Welt des Kaukasus und gibt uns nach den zahlreichen kleineren Skizzen ein großartiges, farbenreiches Bild.

Olenin, der Held der „Kosaken", ist ein Invalide des Lebens der großen Welt: Gesellschaftsleben, Landwirtschaft, Staatsdienst sind ihm überdrüssig geworden;

zudem drücken ihn Schulden. So mochte er mit diesem Leben brechen und ein neues Leben im Kaukasus beginnen: wie ja auch im Jahre 1852 der junge Tolstoi dorthin zog. In einer Winternacht nimmt er Abschied von seinen Freunden im Klub. Sein Bursche Wanjuscha meldet, daß der Wagen vorgefahren. „Er sah auf seinen Wanjuscha. Aus seinem umgeschlungenen Schal, seinen Filzstiefeln, aus seinem verschlafenen Gesicht schien ihm die Stimme eines neuen Lebens zu sprechen, das ihn rief; ein Leben der Mühen, der Entbehrungen, der Arbeit." In diesem Leben, denkt Olenin auf der langen Fahrt, gerade wie Nikolaj Irtenjew, werden keine Fehler mehr und keine Reue, wird nur noch Glück sein. Ein wahrer Haß gegen seine frühere Gesellschaft bemächtigt sich seiner. „Ganz fortfahren, nie wieder zurückkehren, sich nie wieder in Gesellschaft zeigen!" Immer froher und freudiger zu Mut wird ihm auf der Weiterfahrt. „Je ungebildeter das Volk war, je weniger Anzeichen von Zivilisation auftraten, desto freier fühlte er sich." Dagegen erbittert ihn Stawropol, durch welches er fährt, mit seinen Aushängeschildern, den Damen in Equipagen, den Boulevards mit den flanierenden Menschen. Olenin teilt also sichtlich Tolstois Widerwillen gegen die Städte.

So taucht allmählich die grandiose Bergwelt vor Olenin auf, und er gelangt an das Ziel seiner Reise. Er tritt als Junker in die Armee ein und nimmt Wohnung in einem Kosakendorf bei dem Kosakenfähnrich Ilja Waßiljewitsch, dessen Hauswesen aus seiner tüchtigen Frau Ulitka und seiner schönen Tochter Marjanka besteht. Die Kosaken sind ein freies Volk, Nachkömmlinge alter Sektierer, einst wegen Verfolgungen über den Terek geflüchtet. Hier steht nicht das Knechtschaftsverhältnis zwischen Olenin und ihnen, wie zwischen Nechljudow und seinen Bauern. Olenin nähert sich diesem Volk; er schließt Freundschaft mit dem alten Kosaken Jeroschka und mit dem jungen, tapferen Lukaschka. Jeroschka führt ihn in den Urwald, auf die Hirsch- und Fasanenjagd, und die Gespräche dieses einfachen Mannes enthüllen Olenin neue, ungeahnte Lebenswahrheiten. Der Alte glaubt nicht, was die Popen, die Kadis und die Mullahs sagen: „Alles ist Lüge ... Du stirbst, und auf deinem Hügel wächst Gras, — das ist alles." Diese Worte wirken tief auf Olenin. Am anderen Tage geht er an dieselbe Stelle im Walde, wo er mit Jeroschka gejagt, und gibt sich seinen Gedanken hin. „Und er begriff, daß er durchaus kein russischer Edelmann sei, Mitglied der Moskauer Gesellschaft, Freund und Verwandter der Herren Soundso, sondern gerade solch eine Mücke, ein Fasan oder Hirsch, wie sie um ihn herum leben. Ebenso wie sie, wie der alte Jeroschka lebe ich und werde sterben. Und er hat recht: nur Gras wächst darauf." Wenn dem aber so ist, fragt er weiter, lohnt es dann überhaupt, zu leben? Sein ganzes früheres eitles Leben tritt vor seine Seele, wo er so anspruchsvoll und egoistisch war. Und es kam doch nichts heraus als Scham und Kummer. Da geht es ihm plötzlich wie ein Licht auf: „Das Glück besteht darin, für andere zu leben ... Das Streben nach Reichtum, nach Ruhm, nach Bequemlichkeiten führt zu Verhältnissen, in denen man dieses Glücksbedürfnis nicht befriedigen kann ... Nur Liebe und Aufopferung, das sind Wünsche, die man stets befriedigen kann, bei allen äußeren Verhältnissen."

So durchdrungen von dem Wunsche, für andere zu leben und Gutes zu tun, kommt er aus dem Walde, daß er gleich dem Lukaschka zu dessen größter Verwunderung ein Pferd schenkt. Immer mehr schließt er sich an die Kosaken an, in immer berückenderem Licht erscheint ihm das Leben des Volkes. „Diese Menschen leben, wie die Natur lebt. Sie sterben, werden geboren, paaren sich, werden wieder geboren; sie streiten, essen, trinken, freuen sich und sterben wieder. Sie kennen keine anderen Bedingungen als die unabänderlichen, die die Natur der Sonne, der Pflanze, dem Tier, dem Baum auferlegt. Sie kennen keine anderen Gesetze." So erscheinen sie ihm, im Vergleich mit ihm selbst, gut, stark und frei. Er träumt davon, sich bei den Kosaken einschreiben zu lassen, eine Kosakenmaid zu heiraten und hier sein Leben zu beschließen. Doch er tut es nicht. Ihn halt davon sein neugefundenes Glücksrezept ab: das der Aufopferung. So glaubt er, doch noch ein höheres Gesetz zu besitzen, im Grunde doch noch höher zu stehen als das Volk. Und er ist stolz und eitel darauf (wie Nikolai Irtenjew als Jüngling): „Die Wohltat, die er Lukaschka erwiesen, freute ihn unaufhörlich."

Auch kommt der Träumer und Sonderling in kein rechtes Verhältnis zum Volk. Olenin ist ihnen ein Rätsel, während sie den munteren jungen Fürsten Belezkij, der ganz Leben ist, mit ihnen trinkt, mit seinen Siegen prahlt, aufrichtig liebgewinnen.

Endlich zeigt sich, wie schwach und unwahr Olenins neues Lebensgesetz ist, gerade als es die Probe bestehen soll. Olenin verliebt sich in Marjanka. Anfangs glaubt er, sie nur als einen Teil der Natur zu lieben, wie er die

Schönheit der Berge und des Himmels liebe; doch bald entsteht aus dieser Liebe eine verzehrende Leidenschaft. Marjanka hat ihr Herz schon Lukaschka geschenkt. Vergessen ist das Gesetz der Aufopferung! Auf einem Fest macht ihr Olenin eine Liebeserklärung, die sie scherzend anhört, um Lukaschka eifersüchtig zu machen. Am anderen Tage fällt Lukaschka schwer verwundet im Kampf gegen die Abreken. Olenin denkt nur an sich und schöpft neue Hoffnung. Er nähert sich Marjanka, doch ihre Augen funkeln im Haß: „Geh, Widerwärtiger!" ruft sie ihm voller Verachtung und Widerwillen zu. Olenin verläßt sein früheres Paradies in Verzweiflung und fährt in die Welt zurück, die er einst so unzufrieden verlassen, ohne mehr auf ein neues Leben zu hoffen. „Olenin sah sich um: der alte Jeroschka sprach mit Marjanka sichtlich über ihre Angelegenheiten; weder der Alte noch das Mädchen sahen ihm nach."

„Die Kosaken" sind das reifste Werk Tolstois vor seinen Romanen. 1874 schreibt Turgenew: „Je häufiger ich diese Erzählung lese, desto mehr gelange ich zur Überzeugung, daß sie das Meisterwerk nicht nur Tolstois, sondern der ganzen russischen erzählenden Literatur ist." Dementsprechend war auch der Erfolg der „Kosaken" allgemein und ungewöhnlich stark.

Doch Tolstoi konnte sich dieses Erfolges nicht freuen. Eine trübe, verzweifelte Stimmung beherrschte ihn. Er konnte die Gedanken nicht bannen, die sich zum erstenmal nach dem Tode seines geliebten Bruders in ihm regten: „Wozu dieses ganze Leben?" Diese Frage kehrte immer wieder, trotzdem Tolstoi zu jener Zeit ungemein beschäftigt war. Er hatte das Amt eines „Mirowoj Poßrednik", d. h. Friedensvermittlers, angenommen, deren Aufgabe darin bestand, die Streitigkeiten zwischen den Gutsbesitzern und Bauern bei der Teilung des Landes nach Aufhebung der Leibeigenschaft (am 19. Februar 1861) zu schlichten. Er widmete sich ferner eifrig der Landwirtschaft und auch seinen Schulen, gab seit 1862 eine pädagogische Zeitschrift „Jasnaja Poljana" heraus und war noch dazu künstlerisch tätig. Doch er konnte keine Befriedigung finden. „Wahrend eines Jahres beschäftigte ich mich mit dem Vermittleramt, meinen Schulen und meinem Journal, und ich rieb mich so auf dabei, weil ich mich auf dem falschen Wege fühlte. Der Kampf in meinem Vermittleramt wurde mir so schwer, meine Tätigkeit in der Schule erschien mir in so trübem Licht, mein Hin- und Herreden im Journal, das aus dem Wunsch entsprang, alle zu lehren und dabei zu verbergen, daß ich nicht wußte, was ich lehren sollte, wurde mir so zuwider, daß ich alles liegen ließ und in die Steppe zu den Baschkiren fuhr, frische Luft zu atmen, Kumys[2] zu trinken und ein ganz animalisches Leben zu führen," erzählt er in der „Beichte".

Gekräftigt und erholt kehrte Tolstoi aus der Steppe zurück, und sein Lebensmut hob sich wieder. Er erkannte, daß seine trübe Stimmung und seine Unbefriedigtheit zum Teil von seiner Einsamkeit herrührten, und begann ernsthaft daran zu denken, sich eine Lebensgefährtin zu suchen. Schon früher hatte er Fet geschrieben: „Das Junggesellenleben, d. h, das Fehlen einer Frau, quält mich, dazu der Gedanke, daß es schon spät wird."

Spät war es wirtlich geworden, denn Tolstoi war da-

---

[2] Getränk aus gegorener Stutenmilch

mals 34 Jahre alt. Doch zum Glück war es noch nicht zu spät.

7. Heirat und Familienleben.

„Zu dieser Zeit," schreibt Fet, „tauchte Ljow Tolstoi von neuem bei uns auf und begann mit der ihm eigenen Begeisterung von seinem Verkehr im Hause des Doktor Behrs zu erzählen." Behrs war ein beliebter deutscher Arzt in Moskau, ein liebenswürdiger, umgänglicher alter Herr. Er war Protestant; seine Gattin war eine Russin und griechisch-katholisch, wie auch die Kinder. Tolstoi kannte die Familie seit frühester Jugend; sein eifriger Verkehr begann indes erst jetzt. Wohl ahnten seine Freunde, daß ihn eine der drei lieblichen Töchter des würdigen Ehepaars ins Haus ziehe, aber noch war ihnen verborgen, welche von diesen der Magnet war. Im Sommer 1862 reiste Frau Doktor Behrs mit ihren Töchtern aufs Gut zu ihrem Vater; auf der Hinfahrt kehrte sie auf einige Tage zum Besuch ihrer Freundin, der Gräfin Maria, in Jasnaja Poljana ein. Erst wenige Tage war Frau Behrs mit ihren Töchtern auf dem Gut ihres Vaters, als ihnen Tolstoi nachgeritten kam. Hier in Iwizy warb er um die achtzehnjährige Sofia Andrejewna, die zweite Tochter. Und zwar erfolgte die Werbung in ganz derselben Weise wie die Ljowins um Kitty in „Anna Karenina", d. h. Tolstoi schrieb die Frage an die Geliebte in den Anfangsbuchstaben mit Kreide auf den Kartentisch, an dem sie zusammen saßen, und empfing auch ebenso das beglückende Jawort. Das Verlöbnis blieb vorerst geheim, bis Tolstoi nach Moskau fuhr, um bei dem Vater um Sonjas Hand anzuhalten. Doktor Behrs wollte anfangs die jüngere Tochter nicht vor der älteren aus dem Hause geben und wies den Freier ab. Erst als Tolstoi einen verzweifelten Brief schrieb und drohte, sich den Tod zu geben, wenn Sonja nicht die Seine würde, ließ sich Behrs erweichen und gab seine Zustimmung. Am 28. September 1862 fand die Hochzeit statt; das junge Paar begab sich nach Jasnaja Poljana. „Fetchen, Alterchen und einfach liebster Freund Afanaßij Afanaßjewitsch! Zwei Wochen bin ich verheiratet und glücklich und ein neuer, ganz neuer Mensch," schrieb Tolstoi am 9. Oktober dem Freunde. Er war auf dem Gipfel des Glücks. Die liebreizende junge Frau mit dem reichen kastanienbraunen Haar und den schönen blauen Augen lebte sich in überraschend kurzer Zeit in die Interessensphäre ihres Gatten ein und nahm eifrigen Anteil an seinen Geschäften, seinen Gedanken und Sorgen. Ganz unwillig schreibt Tolstoi an Fet im Mai 1863: „Mein Frau treibt durchaus kein Puppenspiel. Machen Sie mich nicht böse! Sie ist mir ein ernster Gehilfe, trotzdem sie guter Hoffnung ist." Sofia Andrejewna führte die Bücher und die Kasse. Tolstoi hatte zu jener Zeit, wie er an Fet schreibt, eine wichtige Entdeckung gemacht: Verwalter, Inspektoren, Dorfälteste seien nur ein Hindernis für die Landwirtschaft. Darum hatte er sie abgeschafft und machte nun alles mit seiner Frau allein und steckte in der Landwirtschaft „bis über die Ohren". Wie ein Jubelruf klingt es aus seinen Briefen: „Sonja ist mit mir! Ich habe Bienen, Schafe, einen neuen Obstgarten und eine Brennerei. Und alles geht mäßig... Ich lebe in einer Welt, die aller Literatur und aller Kritik so fern liegt, daß das erste Gefühl, das ich bei Empfang eines Briefes, wie des Ihrigen, empfinde, — Verwunderung ist. Wer hat die ‚Kosaken', wer hat ‚Polikuschka' geschrieben?"...

Im Sommer folgte Fet endlich den dringenden Einladungen und kam nach Jasnaja Poljana, sich vom Glück seines Freundes zu überzeugen. In seinen Erinnerungen entwirft er ein reizvolles Bild von seinem Besuch bei dem jungen Paar. Als er eines Abends in die Birkenallee von Jasnaja Poljana einfährt, findet er Tolstoi eifrig beschäftigt am Teich, wo in einem großen Netz Karauschen gefangen werden. Auf seinen Freudenruf beim Anblick Fets eilt die Gräfin herbei im weißen Kleid mit einem gewaltigen Schlüsselbund, dem Zeichen ihrer neuen Würde, am Gürtel. Trotz ihres Zustands springt sie leichtfüßig über den niedrigen Zaun am Teich und heißt mit ihrer Silberstimme den Gast willkommen. Zum Abendessen werden die eben gefangenen Karauschen aufgetragen; allen ist leicht und froh zu Mut. „Diesen Abend konnte man im wahrsten Sinn des Worts voller Hoffnungen nennen. Man mußte nur sehen, mit welchem Stolz und mit welch strahlender Hoffnung das gute Tantchen Tatjana Alexandrowna auf den teuren Neffen und die Nichte blickte, während ihre Augen, zu mir gewandt, deutlich sprachen: ‚Sie sehen, bei meinem *cher Léon* kann es natürlich gar nicht anders sein.'"

Auf dem Rückweg muß Fet unwillkürlich an den teuren, früh verstorbenen Nikolaj Tolstoi denken, der einmal in Nowoßelki die ganze Nacht einem reizenden Vöglein gelauscht. „Ein solches Vöglein belebte jetzt das Gutshaus in Jasnaja Poljana durch seine Gegenwart." Und es sang unserm Dichter alle Sorgen und alle trüben Gedanken fort, die ihn vor der Heirat gequält hatten.

„Die neuen Verhältnisse eines glücklichen Familienlebens zogen mich ganz ab von dem Suchen nach einem allgemeinen Sinn des Lebens," schreibt Tolstoi selbst in der „Beichte", wo er doch sein Leben im schwärzesten Licht sieht.

Am 28. Juni 1863 wurde dem Ehepaar der erste Sohn geboren; dreizehn Kinder hat Sofia Andrejewna ihrem Gatten während siebenundzwanzig Jahren geschenkt; neun sind gegenwärtig am Leben.

Es ist natürlich, daß Tolstois Feder im ersten Jahre seiner Ehe fast ganz ruhte. Nur eine Erzählung: „Der Leinwandmesser, die Geschichte eines Pferdes", die längere Zeit ungedruckt blieb, wurde 1863 verfaßt. „Leinwandmesser" wird der gescheckte Wallach seiner auffälligen Gangart wegen genannt. Sein arbeitsreiches Leben vom edlen Rennpferd bis zum Karrengaul wird dem müßigen Leben seines einstigen Herrn, des Kavallerieoffiziers Sserpuchowskij, gegenübergestellt, eines typischen Vertreters der großen Welt und des *comme il faut*. Selbst nach seinem Tode ist das Pferd noch nützlich. Man benutzt seine Haut, von seinem Fleische nähren Wölfe bei Nacht ihre Jungen, selbst die Knochen werden verwertet. Der herab gekommene Sserpuchowskij dagegen ist schon im Leben tot und nichts nütze. „Den durch die Welt wandelnden, essenden und trinkenden Leichnam Sserpuchowskijs bestattete man zur Erde ... Seine Haut, sein Fleisch und seine Knochen waren zu nichts nütze. Und wie schon zwanzig Jahre lang allen der durch die Welt wandelnde Leichnam zur großen Last war, so war auch die Bestattung dieses Leichnams eine überflüssige Mühe für die Menschen." Nie hat Tolstoi in schärferen Worten das Leben der großen Welt verdammt. Phantastisch ist in dieser Erzählung die Psychologie des Pferdes. Der „Leinwandmesser" denkt wie ein Mensch, ja weiser als mancher Mensch. Er stellt tiefsinnige Betrachtungen an über Eigentum, über das sonderbare Leben der Menschen und anderes. Doch so diskret und überzeugend ist dies in die Erzählung verflochten, daß man kaum zum Bewußtsein der Unmöglichkeit kommt. Man erinnert sich vielmehr an Ssergejenkos Worte: „Tolstoi liebt die Pferde, kennt ihre Gewohnheiten und Eigenarten. Ja, manchmal scheint es, als ob er gar ihre Sprache verstehe."

Der „Leinwandmesser" war die letzte Erzählung vor Tolstois großen Romanen. Nun gelangte er auf den Gipfel der Schaffenskraft: von 1864 bis 1869 schrieb er „Krieg und Frieden", von 1873 bis 1876 „Anna Karenina".

Daneben ist seine Zeit in den glücklichen Jahren von 1862 bis 1877 ausgefüllt durch landwirtschaftliche Arbeiten, pädagogische Tätigkeit an der Volksschule und Erziehung und Unterricht der eigenen Kinder.

Die Briefe an Fet, mit dem sich Tolstoi verwandt an Geist und Seele fühlte, lassen uns einen Einblick in Tolstois Leben zu jener Zeit tun. Im Winter, vor allem zu Ausgang des Winters, ist seine beste schriftstellerische Arbeitszeit. Im Sommer geht er ganz in der Landwirtschaft auf. „Tolstoi und Fet sind Freunde im Winter; im Sommer mögen es noch mehr die beiden Landwirte sein," schreibt er einmal. Wie oft erteilt er Fet Aufträge, die die Landwirtschaft betreffen! Bald soll er Stricke kaufen, bald in Moskau Erkundigungen einziehen, wie hoch Klee- und Timotheesaat im Preise stehen. Fast jeder Brief, mag er auch von den höchsten Problemen oder von Literatur handeln, trägt landwirtschaftliche Nachschriften; einmal: „Was kostet das beste roßärztliche Besteck?", ein andermal: „Ich habe Kummer: meine kleine Stute ist krank." Wenn der Sommer kommt, genießt er in vollen Zügen die Natur, die er mit ganzer Seele liebt. „Ein Freund ist ein schönes Ding, doch die Natur ist besser... Sie ist ein Freund, den man nicht mit dem Tode verliert, und stirbt man selbst, so wird man mit ihr vereint... Ohne das Bewußtsein, daß sie da ist, daß man, wenn man strauchelt, einen Halt an ihr hat, wäre es übel zu leben." Jeden Sommer offenbart sich ihm die Natur in neuer Schönheit. „Die wunderbare Hitze, das Baden, die Beerenreife haben mich in meinen beliebten Zustand geistiger Muße gebracht, und nur noch so viel bleibt von geistigem Leben zurück, daß man an seine Freunde denkt." Im Sommer bleibt dann auch der Besuch nicht aus; dann wird das Haus „voll wie eine Tasse", wie die Russen sagen, so daß sich der Hausherr nur in ein Eckchen retten kann, um dem Freunde zu schreiben. Ist dach das Haus an sich schon voll genug, so daß manches Mal die Arbeit gestört wird, namentlich, wenn alles zu gleicher Zeit krank wird. „Sie schreiben mir: ich bin allein, allein! Und ich lese und denke: der Glückliche, allein zu sein. Ich aber habe eine Frau, drei Kinder, ein Tragkind, zwei alte Tanten, eine Kinderfrau und zwei Stubenmädchen. Und alles zusammen krank: Fieber und Hitze, Schwäche, Kopfschmerz, Husten." Doch jeder Besuch ist willkommen: er freut sich, wenn Strachow kommt, mit dem er sich sattphilosophieren kann, oder gar Fet, der so anregend auf ihn wirkt. „Allein kann ich nicht schreiben. Ich bin das Soda, Sie die Weinsteinsäure. Sobald ich mit Ihnen in Berührung komme, gerate ich ins Brausen." Gewissenhaft schreibt Tolstoi auch dem Freunde, wie es mit seinem Schaffen steht. Oft genug klagt er: „Für mich ist jetzt eine tote Zeit: ich denke und schreibe nichts und fühle mich angenehm dumm," oder: „Den ganzen Winter freue ich mich daran, daß ich liege, schlafe, Bésigue spiele, Schneeschuh und Schlittschuh laufe, meistens aber (krank) im Bett liege," und gar: „Bald fühlt man sich wie ein Gott, denkt, einem ist nichts verborgen, bald fühlt man sich dümmer wie ein Pferd, und augenblicklich ist bei mir das letztere der Fall." Doch dann kommen auch wieder tröstliche Nachrichten: „*Ars longa, vita brevis* denke ich jeden Tag", oder: „Ich schreibe und bin zufrieden mit dem, was ich schreibe." Dann besucht ihn wohl der treue Fet, Tolstoi liest das jüngst Geschriebene vor, und Fet kann sich nicht satt an ihm sehen in der Periode seiner unmittelbaren Schaffenskraft, wenn seine Eindrucksfähigkeit und Empfindungskraft aufs höchste gespannt sind, so daß man sie mit einer großen, feinen Glasglocke vergleichen kann, die bei der leisesten Erschütterung einen schwingenden, hallenden Ton gibt.

Tolstoi schreibt ferner Fet immer über die ihn gerade beschäftigende Lektüre. Goethe, Shakespeare, Molière, Puschkin, Gogolj las er zu jener Zeit. Den größten Eindruck auf ihn machte aber Schopenhauer. „Wissen Sie, was für mich dieser Sommer war?" schreibt er im August 1869, „Ein unaufhörliches Entzücken an Schopenhauer und eine Reihe geistiger Genüsse, wie ich sie noch nie erlebt. Ich ließ mir alle seine Werke kommen und las und lese sie (auch Kant habe ich gelesen). Sicherlich hat kein Student je während seines Kursus so viel gelernt, so viel Neues erfahren, als ich diesen Sommer, Ich weiß nicht, ob ich je meine Meinung ändern werde, doch jetzt bin ich überzeugt, daß Schopenhauer der genialste der Menschen ist ... Das ist eine ganze Welt in einem unglaublich klaren und schönen Spiegelbilde ... Wenn ich ihn lese, ist es mir unbegreiflich, wie mir sein Name unbekannt bleiben konnte. Es gibt nur eine Erklärung, nämlich die, die er selbst so oft wiederholt, daß es außer Idioten fast keine Menschen auf der Welt gibt."

Doch schon im Jahre darauf weicht die Schopenhauersche Philosophie einer neuen, nicht minder leidenschaftlich betriebenen Beschäftigung: Tolstoi lernte Griechisch. „Von morgens bis abends lerne ich Griechisch. Ich schreibe nichts, ich lerne nur. Ich habe Xenophon gelesen und lese ihn jetzt *à livre ouvert*. Für Homer brauche ich noch das Lexikon und etwas mehr Mühe. Ich bin glücklich, daß mir Gott diese Narrheit geschickt hat. Erstens habe ich Freude daran, zweitens habe ich mich überzeugt, daß ich von allem wahrhaft Schönen und Einfach-Schönen, das Menschenwort hervorgebracht hat, bisher nichts kannte; drittens, daß ich kein wortreiches Gewäsch schreibe und auch nie schreiben werde." Doch griff ihn das Studium des Griechischen so an, daß er im Sommer 1871 nicht unbedenklich erkrankte. Seine Freunde fürchteten schon, es könnte das tückische Leiden sein, das seinen Bruder dahingerafft hatte. Doch eine Kumyskur im Gouvernement Ssamara kräftigte ihn wieder. Schon im Juli konnte er schreiben: „Jetzt, nach vier

Wochen, bin ich schon ganz wiederhergestellt." Seine Lektüre im „Skythenland" bildete Herodot; es gefiel ihm dort so gut, daß er den Plan faßte, sich dort ein Gut zu kaufen. 1873 führte er diese Absicht aus und fuhr nun öfters dorthin, den Heiltrank zu trinken, der auf ihn immer belebend und verjüngend wirkte.

Am 18. November 1873 mußte Tolstoi seinem Freunde einen schweren Schicksalsschlag melden: „Bei uns ist Trauer. Petja, der Jüngste, erkrankte an Bräune und starb in zwei Tagen. Das ist der erste Todesfall in unserer Familie und für meine Frau ein schwerer Schlag. Trost kann man nur darin finden, daß, wenn schon einer von uns sterben sollte, dieser Tod der leichteste war und für alle am leichtesten. Doch das Herz und besonders das Mutterherz, diese wundersame und höchste Offenbarung der Gottheit auf Erden, stellt keine solche Erwägungen an, und meine Frau trauert sehr." Ein Jahr darauf kehrte wieder der Tod ein: „Vorgestern beerdigten wir Tante Tatjana Alexandrowna. Sie starb langsam und allmählich dahin; ich hatte mich an ihr Sterben gewöhnt, und doch war ihr Tod, wie immer der eines nahestehenden und teuren Menschen, ein ganz neues, einzigartiges und unerwartet treffendes Ereignis." So war die treue Pflegerin von Tolstois Jugend dahingegangen, und noch in demselben Jahre entriß der Tod den Eltern auch den jüngsten, zehn Monate alten Sohn.

Den Schmerz um die verlorenen Kinder konnte nur die Freude an den lebenden lindern. Zwischen Tolstoi und seinen Kindern bestand stets das denkbar innigste Verhältnis. Das Unterrichten der Kinder, namentlich in der Mathematik und dem neu erlernten Griechisch, nennt er eine seiner besten und freudvollsten Beschäftigungen; er liebte es nicht, sich auch nur auf einen Tag von seinen Kindern zu trennen. Sein Schwager Behrs hat allerhand interessante Einzelheiten darüber berichtet, wie die Tolstoischen Kinder erzogen wurden. Man ließ ihnen die größte Selbständigkeit, und da Tolstoi in dieser Beziehung die englische Erziehung gefallen hatte, gab er seine Kinder vom dritten bis zum neunten Jahr gewöhnlich in die Obhut von englischen Gouvernanten. Andererseits legte er Wert darauf, den Kindern ihre ganze Abhängigkeit von der Natur wie von den Erwachsenen zum Bewußtsein zu bringen, nicht um sie ängstlich zu machen, sondern um ihnen ihre wahre Stellung in der Welt zu lehren. Sie durften nie den Untergebenen befehlen, sondern mußten jedem Auftrag ein „bitte" hinzufügen; so taten auch die Eltern, um ihnen ein Beispiel zu geben. Mit allen Mitteln suchten die Eltern in ihren Kindern die Wahrheitsliebe zu entwickeln. Jede Lüge wurde bestraft. Doch bestand die Strafe sehr selten in Einsperren, Schlagen u. dgl., sondern wenn die Kinder etwas Böses getan hatten, waren die Eltern streng und ernst zu ihnen. Beim ersten Anzeichen der Reue hörte die Strafe auf. Nie wurden den Kindern Versprechungen abverlangt, es nicht wieder tun zu wollen, oder Abbitten. Durch die liebevollste Behandlung gelangten die Kinder zu Offenheit und Vertrauen zu den Eltern. Die Kinder durften stets im Kreise der Erwachsenen sein, denn diese nahmen sich stets peinlich in acht, daß die Kinder ihnen nichts Schlechtes absahen oder von ihnen etwas hörten, was schädlich auf das kindliche Gemüt wirken konnte. So herrschte stets ein gewisser Zwang, und Tolstoi pflegte, wie Behrs erzählt, wenn es acht Uhr schlug und die Kinder zu Bett gingen, zu sagen: „So, nun ist es freier geworden."

Die Kinder vergalten den Eltern diese Sorgfalt durch innige Liebe, mit der sie an Vater und Mutter hingen. Mit dem Vater machten sie, wie Behrs erzählt, weite Spaziergänge. Es war das Entzücken der Knaben, mit ihm auf Treibjagd zu reiten, mit ihm zu turnen, zu springen oder andere Leibesübungen zu treiben, die er so hoch hielt. Im Winter machten sie mit ihm Eisbahnen und liefen leidenschaftlich Schlittschuh.

„Man kann schwer mit hinreichender Vollständigkeit die fröhliche und anziehende Stimmung schildern, die in Jasnaja Poljana wahrend der Jahre 1862 bis 1878 herrschte," so faßt Behrs seine Erinnerungen aus jener Zeit zusammen. „Der Quell dieses Lebens war immer Ljow Nikolajewitsch. Im Gespräch über abstrakte Fragen, über Kindererziehung, über äußere Begebenheiten war sein Urteil immer das interessanteste. Beim Croquetspiel wie beim Spazierengehen belebte er alle durch seinen Humor und seine Hingabe für die Sache. Es gab keinen noch so einfachen Gedanken, keinen noch so einfachen Vorgang, dem Tolstoi nicht ein besonderes Interesse verleihen und wofür er seine Umgebung nicht hätte begeistern können."

8. Pädagogische Tätigkeit und Schriften.

„Als ich aus dem Ausland zurückgekehrt war, ließ ich mich auf dem Lande nieder und kam auf die Beschäftigung mit der Bauernschule. Diese Beschäftigung lag mir ganz besonders am Herzen," so schreibt Tolstoi in der

„Beichte". Das war im Winter 1859. Bei seiner zweiten Reise ins Ausland hatte er den Hauptzweck verfolgt, sich die Volksschulen Deutschlands, Frankreichs und Englands anzusehen. Im Herbst 1861 nahm er, mit reichen Erfahrungen ausgerüstet, den Unterricht in drei Schulen wieder auf. Als Gehilfen hatte er sich einen jungen deutschen Lehrer mitgebracht; unter diesem standen mehrere Studenten. Mit dem Eifer, den Tolstoi an alles wandte, was er einmal als gut und nützlich erkannt hatte, gab er sich jetzt dem Ausbau des Volksschulunterrichts hin. Zwölf Schulen gründete er im Laufe der Zeit im Kreise; die Hauptschule jedoch blieb seine in Jasnaja Poljana. Der Unterricht wurde natürlich unentgeltlich erteilt und den ländlichen Verhältnissen angepaßt, nur im Winter, da ja im Sommer die Kinder von den Eltern zur Hilfe bei der Arbeit gebraucht wurden. Tolstoi selbst lehrte Russisch, Gesang, Zeichnen und biblische Geschichte.

Um weitere Kreise für die Volksschule zu interessieren, seine Theorien und praktischen Erfahrungen auf pädagogischem Gebiet der Öffentlichkeit zu unterbreiten, gründete er die pädagogische Monatsschrift „Jasnaja Poljana", von der im Januar 1864 das erste Heft erschien. Sie trug das für Tolstois Ideen so charakteristische Motto: „Du glaubst zu schieben und du wirst geschoben." Die wichtigsten Aufsätze von Tolstoi, die in dieser Zeitschrift erschienen, liegen jetzt im vierten Band seiner Werke gesammelt vor.

Der erste, einleitende Aufsatz tragt den Titel: „Über Volksbildung". Tolstoi wirft hier die Frage auf, wie es kommt, daß das Volk, das unzweifelhaft ein großes Bedürfnis nach Bildung zeigt, doch mit der ihm von der

Regierung und Gesellschaft gebotenen Bildung so unzufrieden ist, daß man es mit Gewaltmaßregeln zu dieser Bildung zwingen muß. Das Volk muß denn doch wohl diese Bildung nicht als die richtige empfinden. Welches Recht hat denn überhaupt die Gesellschaft, fragt Tolstoi, das Volk zu lehren, da sie doch gar nicht weiß, was sie lehren soll? Das Mittelalter war fest davon überzeugt, daß sein Wissen richtig und unerschütterlich wäre; nicht aber so wir Menschen unserer Zeit, in der die alten pädagogischen Grundsätze zerstört sind und sich noch keine festen neuen gebildet haben. Die Schule lehrt, wie groß Asien ist, wie es vor zwei Jahrtausenden auf der Erde aussah usw., sie gibt aber keine Antwort auf die Fragen, die das Leben stellt. Im Westen blicken die Schulen auf eine lange Geschichte zurück und können daher ihr Bestehen mit dem Rechte des historisch Gewordenen verteidigen. In Rußland aber beginnt man erst gerade jetzt Schulen zu gründen. Hier soll man, wenn man die Unzulänglichkeit der Schulen, wie sie bisher bestanden, erkennt, nicht sklavisch die alten Muster nachahmen, sondern ehrlich bekennen: wir wissen noch nicht, was dem kommenden Geschlecht not tut, aber wir wollen es studieren. Wenn das Volk sich gegen die gebotene Bildung auflehnt, so soll man diese Willensäußerung respektieren und sich von ihr bei allem pädagogischen Streben leiten lassen. „Die einzige Methode der Bildung ist der Versuch, ihr einziges Kriterium die Freiheit": das ist der Leitsatz für Tolstois gesamte pädagogische Tätigkeit. Oder wie er seinen Grundsatz an anderer Stelle formuliert: „Die Volksschule soll den Bedürfnissen des Volkes entsprechen. Worin diese Bedürfnisse bestehen, kann nur das Studium derselben und freier Versuch lehren."

In einem zweiten Aufsatz: „Über die Methoden des Lesenlernens" warnt Tolstoi vor dem eilfertigen und unkritischen Übertragen der westlichen Lehrmethoden auf die russische Volksschule. Was soll dem russischen Bauernkinde, das in engster Berührung mit der Natur aufwächst, der Anschauungsunterricht? Ebenso solle man nicht die neue Lautiermethode u. a. ohne weiteres herübernehmen, da das russische Volk an die alte Buchstabiermethode gewöhnt sei. Individuell soll man die Kinder behandeln: das eine lerne leichter nach dieser Methode lesen, das andere nach jener.

Ungemein viel Staub wirbelte der dritte Aufsatz auf, in dem Tolstoi von den gewöhnlichen abweichende Wege einschlägt: „Erziehung und Bildung". Zwischen diesen beiden Begriffen besteht nach seiner Meinung ein tiefer Unterschied: Erziehung ist Bildung unter Anwendung von Gewalt, Bildung ist frei. Erziehung ist ein zum Prinzip erhobenes Streben nach moralischem Despotismus, ist das Streben eines Menschen, den andern sich gleich zu machen. Es gibt kein Recht zur Erziehung. Erziehung, als Erscheinung betrachtet, hat ihren Ursprung in der Familie, der Religion, dem Staat und der Gesellschaft. Es ist verständlich, daß die Eltern die Kinder zu Menschen, wie sie selbst sind, erziehen wollen; ebenso, daß sie sie in ihrer Religion erziehen lassen wollen; der Staat braucht Menschen zu den verschiedensten Zwecken und will sie dazu erziehen. Die Gesellschaft aber hat für ihr Streben, zu erziehen, keinen anderen Grund, als den Hochmut des menschlichen Verstandes, und so bringt ihre Erziehung die schädlichsten Früchte hervor, als Universitäten und Universitätsbildung. Leidenschaftlich zieht Tolstoi gegen die russischen Universitäten zu Felde, wobei er sich natürlich von seinen eigenen schlimmen Erfahrungen in Kasan leiten läßt. Er kommt zu dem Schluß: es sind überhaupt keine Universitäten nötig. Denn die Universitäten entsprechen nicht den Bedürfnissen des Volkes, bilden nicht Menschen aus, die der Menschheit nötig sind, sondern solche, die der verderbten Gesellschaft nötig sind. Man solle ihm nicht den Westen entgegenhalten, fährt Tolstoi fort, wo doch diese Institute zu so hoher Bedeutung gelangt sind; denn was für den Westen gelte, gelte nicht für den Osten. „Der ganze Osten hat sich gebildet und bildet sich noch auf ganz anderen Wegen als die europäische Menschheit." Mit dieser Gegenüberstellung der östlichen und der westlichen Welt berührt sich Tolstoi eng mit den Anschauungen der Slavophilen. Nach diesem negativen Teil seines Aufsatzes folgt der positive. Kein Zwang, also auch keine Erziehung! ist Tolstois Forderung. Jeder soll frei sein, zu lehren, was er versteht, jeder frei sein, zu lernen und anzunehmen, was er braucht. „Was man nicht nutzt, ist eine schwere Last." Was nötig ist, soll das Bedürfnis entscheiden. Man arbeite keine großen, gelehrten Unterrichtspläne aus: jede Wissenschaft, die frei gelehrt und frei gelernt wird, wird sich schon harmonisch in den Komplex des Wissens eines jeden Menschen fügen. Die Schule soll also nicht erziehen wollen, sondern soll vielmehr sein: allseitiges und mannigfaltiges bewußtes Einwirken eines Menschen auf den andern in der Absicht, ihm Wissen zu übermitteln, ohne ihn mit irgendeinem Mittel zu zwingen, das anzunehmen, was er nicht will.

Das wird dann freilich keine Schule mit Bänken, Kathedern, Tafeln und Kreide sein, sondern etwa in der Art von freien Vorlesungen, Museen, Theatern, Unterhaltungen, jedenfalls eine Schule mit überall verschiedenem, den jeweiligen Bedürfnissen angepaßten Programm. Freilich ist sich Tolstoi bewußt, damit nur ein Ideal für die ferne Zukunft aufzustellen. Er schließt seinen Aufsatz mit den ironisch beruhigenden Worten: „Fürchtet euch nicht! Eure Schulen werden noch Jahrhunderte bestehen bleiben nach der Logik jenes Kranken, der da sagte: ‚Die Arznei ist einmal gekauft, nun muß ich sie auch austrinken.'"

Natürlich blieben die Pädagogen von Fach auf diesen heftigen Angriff gegen die Erziehung die Antwort nicht lange schuldig. Besonders eingehend war die Kritik Markows, des Inspekteurs des Tulaer Gymnasiums, eines der bedeutendsten russischen Pädagogen, in den Spalten des „Russischen Boten". Auf diese Kritik antwortete Tolstoi in seinem Aufsatz: „Fortschritt und Definition der Bildung", dem radikalsten von allen, die in „Jasnaja Poljana" erschienen sind. Die Einwendungen Markows gegen Tolstoi lassen sich in aller Kürze etwa so wiedergeben: auf der Erziehung der jungen Generation durch die alte, auf der Mitteilung der Anschauungen und Überzeugungen der alten Generation an die junge, wodurch diese eine Grundlage zum Weiterbauen empfange, beruhe eben der Fortschritt des Menschengeschlechts. Dem tritt Tolstoi mit dem verblüffenden Geständnis gegenüber, er glaube nicht an diesen Fortschritt, wie er ja schon in „Luzern" angedeutet hatte. „Ich bekenne nicht die Religion des Fortschritts, und außer dem Glauben ist nichts im Stande, die Notwendigkeit des Fortschritts darzutun." Der Stillstand der orientalischen Völker zeigt, so führt Tolstoi weiter aus, daß der Fortschritt kein allgemeingültiges Gesetz für die Menschheit ist. Das Gesetz des Fortschritts oder, anders ausgedrückt, der Vervollkommnung ist wohl dem einzelnen Menschen in die Seele geschrieben, aber auf die Geschichte wird es nur irrtümlich übertragen. Das Leben der Menschheit ist sehr kompliziert: Fortschritt auf der einen Seite wird mit Rückschritt auf der andern erkauft. An den Fortschritt glauben, auch in Rußland, vor allem nur (nach Buckles Ausdruck) die unbeschäftigten Klassen, d. h. die Gesellschaft: der Adel, die Beamten, die gebildeten Kaufleute. Die beschäftigten Klassen, d. h. die Masse des Volkes, also neun Zehntel der Gesamtbevölkerung, glaubt nicht an den Fortschritt, der für sie kein Glück bedeutet. Die Früchte des Fortschritts kommen dem Volk nicht zu gute: der Bauer braucht keine Telegraphen, keine Eisenbahnen, die nur die städtische Verführung aufs Land tragen, die Wälder vernichten, Arbeitskräfte entziehen und die Getreidepreise erhöhen helfen. Der Bauer braucht nicht die Buchdruckerkunst: der große Volkskenner Dal hat beobachtet, daß das Lesenkönnen das Volk nur verdirbt! Dem Volk muß man aber mehr glauben als der Gesellschaft, denn erstens stellt das Volk die erdrückende Majorität dar und zweitens kann das Volk ohne die Gesellschaft leben, nicht aber umgekehrt. Wieder weist Tolstoi energisch das Beispiel des Westens zurück, das man ihm vorhalten konnte. Erst solle man ihm beweisen, daß auch für den Russen im Fortschritt der Zivilisation das Heil liege. Wenn man nun aber, so schließt er, nicht an den Fortschritt glaubt, so darf man auch nicht rechtfertigen, daß eine Generation sich in die Erziehung der kommenden mische. So hält er trotz Markows Einwände mit aller Schärfe seine Definition von Bildung aufrecht: „Bildung ist menschliche Tätigkeit, der das Verlangen nach Gleichheit im Wissen und das unumstößliche Gesetz des Vorwärtsschreitens der Bildung zu Grunde liegen", wobei die letztere Bedingung hinzugefügt ist, um auszudrücken, daß diese Gleichheit des Wissens auf der höheren und nicht auf der niedrigeren Stufe erreicht werden soll.

Dieser Aufsatz enthält schon die Ansätze der Ideen, die Tolstoi zwanzig Jahre später in seiner Schrift „Was sollen wir denn tun?" vorträgt.

Neben diesen polemischen Aufsätzen enthielt die Zeitschrift noch Rechenschaftsberichte über Tolstois praktische Lehrtätigkeit in zwei Artikeln: „Die Schule in Jasnaja Poljana während der Monate November und Dezember". Hier haben wir ein Bild, wie eine Schule, die nach Tolstois Theorien geleitet wird, in der Praxis ausschaut. Und es ist ein reizvolles Bild, das wir da sehen. Gern und ohne Angst kommen die Kinder in diese Schule, weil sie nichts dazu mitzubringen brauchen, weder in der Hand, noch im Kopf, sondern nur sich selbst, ihre empfängliche Natur und die Überzeugung, daß es heute in der Schule ebenso lustig sein wird wie gestern. Niemand wird gezwungen, zu lernen, was er nicht will; gestraft wird nicht; die Kritik der Kameraden ist Strafe genug für den schlechten Schüler. Mit großer Liebe und voller Vertrauen hängen die Kinder an ihrem Lehrer. Gern wandern sie an seiner Hand durch den abendlichen schneebedeckten Wald ihren Heimatdörfern zu; sie wenden sich an ihn mit dem zutraulichen: „Du, Ljow Nikolajewitsch", und erschließen ihm rückhaltlos ihre kindlichen Herzen. Man kann sich gar nicht satt lesen an den Beobachtungen aus dem Kinderleben, die Tolstoi auf diesen Blättern niedergelegt hat.

Aus diesem vertrauten Umgang mit den Dorfkindern heraus entstand ein anderer schöner Aufsatz: „Sollen wir den Bauernkindern schreiben lehren oder sie uns?" Tolstoi erzählt, wie er die beiden elfjährigen Knaben Sjomka Makarow und Fedka Morosow anregt, Geschichten nach russischen Sprichwörtern zu schreiben, und wie es die beiden weit besser, poetischer und wahrhafter machen, als er es kann, so daß er sich seines Werkes schämen muß. Wie geht das zu? Er gibt die Antwort: „Ein gesundes Kind erfüllt, nachdem es auf die Welt gekommen, vollkommen die Forderungen der Harmonie des Guten, Wahren, Schönen, die wir in unserer Seele tragen. Es steht noch den unbeseelten Wesen nahe, der Pflanze, den Tieren, und der Natur, die für uns immerdar das Gute, Wahre und Schöne darstellt, das wir suchen und wünschen." Er zitiert das große Wort Rousseaus, das „wie ein Stein ewig bestehen wird": der Mensch kommt vollkommen zur Welt. Der neugeborene Mensch ist für Tolstoi das Urbild der Harmonie des Guten, Wahren, Schönen: doch jeder Schritt vorwärts, jede vergehende Stunde droht diese Harmonie zu zerstören. Werdet wie die Kinder! Unser Ideal liegt nicht vor uns, sondern hinter uns! Die Erziehung bessert nicht, sie verdirbt. „Sobald ich dem Kinde volle Freiheit gab, aufhörte, es zu lehren, schrieb es ein so poetisches Werk, wie es seines Gleichen nicht in der Literatur hat."

Lange Jahre hat sich Tolstoi der pädagogischen Tätigkeit gewidmet und dadurch viel Segen gestiftet. Selbst die Gegner seiner Theorien erkannten an, daß seine Schule in der Praxis musterhaft war. Er schrieb auch viele Erzählungen für die Kinder nach fremdem Vorbild und nach eigenen Erlebnissen. Wahre Perlen sind darunter, wie z. B. die Erzählung seiner Bärenjagd, „Der Gefangene im Kaukasus", „Gott sieht die Wahrheit, wenn er sie schon nicht gleich offenbart" u. a. Noch im Jahre 1872 verfaßte er seine berühmt gewordene „Asbuka", d. i. Fibel, und setzte, wie er an Fet schreibt, dabei seine ganze Seele ein. Die „Asbuka" hat jetzt mehr als zwanzig Auflagen erlebt.

In Tolstois pädagogischen Theorien erkennt man unschwer den starken Einfluß Rousseaus. Zunächst in der Gegenüberstellung von Kultur und Natur und der glühenden Parteinahme für die letztere: daher die Lehre, daß die Gesellschaft kein Recht habe, dem Volke ihre Erziehung aufzuzwingen, daher die schroffe Ablehnung der Zivilisation und des Forschritts, die von der Natur entfernen. Zum zweiten teilt Tolstoi mit Rousseau die Liebe zum Kinde und die Hochstellung des Kindes. Daher lehrt auch er, man solle die Individualität des Kindes beachten, seine vollkommene Natur sich frei entfalten lassen und nicht mit vorgefaßten Absichten an ihm herummodeln. *„Laissez faire en tout la nature"* ist auch sein Leitsatz.

Paradox erschienen und erscheinen noch heute die pädagogischen Theorien Tolstois. Aber hat sein großes Vorbild Rousseau denn so unrecht, wenn er sagt: „Lieber

Paradoxe, als Vorurteile"? Tolstois Lehren haben durch den Streit der Meinungen, den sie hervorriefen, in Rußland auf dem Gebiet der Volksschulbildung in hohem Maße anregend, fördernd, klärend gewirkt; das bleibt ein Verdienst, das ihm niemand rauben kann.

9. Die großen Romane: „Krieg und Frieden".

Zu Beginn der sechziger Jahre reifte in Tolstoi der Plan, den Dezemberaufstand des Jahres 1825 beim Regierungsantritt Nikolaus' I. zum Gegenstand einer Erzählung zu machen. Er trieb eifrige Vorstudien dazu; mehrere Dekabristen kannte er persönlich und verwertete ihre Erinnerungen; schon brachte er einige Kapitel zu Papier. Doch bei der ihm eigenen Gründlichkeit führten ihn seine Vorstudien auch auf die Epoche, die dem Dezemberaufstand vorausging, und bald bemächtigte diese sich ganz seines künstlerischen Interesses. Die russischen Kriege mit Napoleon, vor allem der vaterländische Krieg des Jahres 1812, begannen ihm als ein würdigerer Gegenstand für seine Erzählung zu erscheinen. Hier konnte er zudem noch allerhand Familientraditionen verwerten. Sein Vater hatte in diesen Kriegen gekämpft: er lieferte ihm das Vorbild für Nikolai Rostow. Von seinem Großvater mütterlicherseits, mit dem Tolstoi in seinem Äußeren eine auffallende Ähnlichkeit zeigen soll, dem Fürsten Wolkonskij, einem Machthaber aus der Zeit Katharinas, hatten sich Erinnerungen erhalten, die er zur Zeichnung des alten Fürsten Wolkonskij verwandte. Sein Großvater väterlicherseits, Graf Ilja Tolstoi, der Gouverneur von Kasan und lustige, gutmütige, verschwenderische Lebemann, stand Modell für den Grafen Ilja Rostow; die Fürstin Maria Wolkonskaja des Romans hat nicht nur den Namen, sondern auch das engelhafte Wesen von Tolstois früh verstorbener Mutter. So kam Tolstoi von den „Dekabristen" zu „Krieg und Frieden". Wieder gab er sich den nachhaltigsten Studien über die Geschichte dieser Zeit hin. „Ich bin traurig und schreibe nichts," heißt es im November 1864 in einem Brief an Fet, „arbeite jedoch mit Qualen. Sie können sich nicht vorstellen, wie schwer mir diese Vorarbeit wird, das tiefe Pflügen des Feldes, auf dem es mich treibt zu säen. Zu bedenken und immer wieder zu überdenken, was mit allen den künftigen Menschen meines vorbereiteten, noch dazu sehr umfangreichen Werkes geschehen kann, und Millionen von Verknüpfungen auszudenken, um dann von ihnen den millionsten Teil auszuwählen, — das ist entsetzlich schwer. Damit bin ich beschäftigt." Doch diese Vorarbeiten, aus denen man erkennt, mit wie peinlicher Sorgfalt Tolstoi bei dem Entwurf eines Werkes verfährt, gingen glücklich vorüber. Schon im Januar 1865 konnte er Fet das Erscheinen des ersten Teils von „Krieg und Frieden" melden. Er fühlte, daß er etwas Großes begonnen, denn er sagt selbst in diesem Brief: „Alles, was von mir früher gedruckt ist, betrachte ich nur als Federprobe." 1815 erschien der erste Band, 1869 der sechste, letzte. In seinen gesammelten Werken liegt jetzt der Roman in vier starken Bänden und einem Epilog vor und umfaßt nicht weniger als zweitausend Seiten.

Die Geschichte dreier, in ihrer Art sehr verschiedener russischer Adelsfamilien zu Beginn des neunzehnten Jahrhunderts, der Rostows, der Bolkonskijs, der Kuragins, die zu einander in die verschiedensten Verhältnisse treten, läßt uns der Dichter durch Frieden und Krieg verfolgen. Wir sehen sie in den Salons der vornehmen Welt von Petersburg und Moskau und auf ihren Gütern, bei ihrer Arbeit und bei ihren Jagden und Festen. Ihre Vertreter nehmen aber auch an den historischen Ereignissen jener bewegten Zeiten teil: wir sehen sie in den Schlachten von Austerlitz und Borodino, in den Hauptquartieren der Monarchen und Feldherrn, auf der Flucht vor den vordringenden Franzosen, beim Brande von Moskau und auf dem Rückzuge des napoleonischen Heeres im eisigen Winter des Jahres 1812.

Der alte Graf Ilja Rostow ist ein gutmütiger, etwas beschränkter Herr. Verwickelte Fragen, die ihm aufstoßen, versucht er nicht erst zu beantworten, sondern tut sie mit einem „prächtig" ab. Keiner versteht, wie er, Feste im Klub zu veranstalten, schon weil er eine feine Zunge hat und viel auf Essen und Trinken gibt. Ein Madeirasautée aus Haselhühnern scheint ihm wert, tausend Rubel für einen Koch zu geben. Bei solchem Leben sind freilich seine Vermögensverhältnisse in steter Unordnung. Er hat weder Zeit noch Lust, sich um seine Güter zu kümmern, bis er schließlich in vollständigen Ruin gerät. Dabei ist er der zärtlichste Gatte und Vater und lebt mit seiner Frau, der kränklichen, schwachnervigen Gräfin, in glücklichster Ehe. Die Kinder dieses Paares sind die kalte, herzlose Vera, Nikolai, Natascha und der kleine Petja. Nikolai verläßt beim Ausbruch des Krieges die Universität und tritt in das Pawlograder Husarenregiment ein. Er ist Soldat mit Leib und Seele; im Regiment ist er mehr zu Hause als in der großen Welt; Adjutantentätigkeit hält er für Lakaientätigkeit Obschon er nicht gerade klug ist, sagt ihm ein sicherer Takt, was er zu tun und wie er zu handeln hat. Natascha ist zu Anfang des Romans noch ein Kind, das mit Puppen spielt und wegen seiner Wildheit „Kosake" genannt wird, das bei Tisch die Mutter vor allen Gästen fragt, was es für eine Mehlspeise gebe. Doch sie wächst vor unseren Augen zur Jungfrau heran, die selbst in der großen Welt den ganzen Zauber der Reinheit und Kindlichkeit bewahrt. Sie schwärmt in zauberhaften, sommerlichen Mondscheinnächten; ein Sehnen, zu lieben und geliebt zu werden, schwellt ihre junge Brust; und wie schön schildert der Dichter ihren Glückesrausch auf dem ersten Ball: „Sie war auf der höchsten Stufe des Glückes, wenn der Mensch völlig gut wird und nicht mehr an die Möglichkeit des Bösen, des Unglücks und des Kummers glaubt."

Die Kuragins sind Menschen von ganz anderem Schlag als die Rostows. Der alte Fürst Wassilij ist ein kalter, berechnender Streber, der nur den einen Wunsch kennt, seine Stellung in der Welt zu erhöhen und sein Vermögen zu mehren. Der ständige Verkehr in den höchsten Kreisen hat ihn blasiert gemacht, er ist keiner warmen Empfindung, keines Herausgehens aus sich selbst mehr fähig. Er spricht welk und träge, wie ein alter Schauspieler immer dieselbe Rolle wiederholt. Seine Kinder sind die berückend schöne Helene und zwei Söhne, Anatol und Hippolyt. Helene ist ohne sittlichen Halt: sie bricht ihrem späteren Gatten die Treue, so oft die Gelegenheit an sie herantritt. *„C'est un superbe animal"* sagt Napoleon von ihr treffend in Erfurt. Etwas Tierisches haben auch die Brüder Kuragin, der halb blödsinnige Hippolyt und Anatol, der nur den Ausschweifungen lebt und das Leben als eine ununterbrochene Reihe von Vergnügungen ansieht, „die ein Jemand für ihn zu veranstalten verpflichtet ist."

In den Kreis der Kuragins wird sehr zu seinem Unheil der junge Pierre Besuchoj hineingezogen, den man wohl als den Helden des ganzen Romans bezeichnen kann. Pierre ist der uneheliche Sohn des unermeßlich reichen Grafen Kyrill Besuchoj, eines dereinstigen Günstlings Katharinas, der in „Krieg und Frieden" nur auf dem Sterbelager erscheint. Pierre ist dick, plump, kurzsichtig, sehr gutmütig und sehr zerstreut. Schon bei seinem äußeren Auftreten in der großen Welt fühlt man, daß er dort nicht hinpaßt. Noch weniger seinem Innern nach. Er will immer aussprechen, was er denkt, wodurch er die geschmeidige Hofdame Anna Scherer auf ihrem „Abend" mehr als einmal in Verzweiflung stürzt. Er kann sich nicht verstellen. „Sein Lächeln war nicht so wie bei den anderen Menschen: ein Lächeln und doch kein Lächeln. Wenn er lächelte, so verschwand im Augenblick das ernste, ja sogar etwas finstere Gesicht, und es erschien ein anderes, kindliches, gutes, sogar etwas dummes, wie um Verzeihung bittendes Gesicht". Trotz der Schliche Kuragins wird Pierre der rechtmäßige Erbe seines Vaters und damit Herr über Millionen und einen Landbesitz von 40.000 Seelen. Wie trunken von den vielen Eindrücken, die auf ihn nach diesem Glücksfall einstürmen, läßt er sich willenlos von Kuragin ins Schlepptau nehmen, der ihn nicht nur zum Kammerjunker und Mitglied des diplomatischen Korps macht, sondern ihm auch, halb wider seinen Willen, seine schöne Tochter Helene verheiratet.

Während sich das Leben der Rostows und Kuragins in den Hauptstädten abspielt, lebt der alte Fürst Wolkonskij weitabgeschieden auf seinem Gut Lyßyja Gory bei Smolensk mit seiner Tochter Maria und deren Gesellschafterin, der Französin Nourienne. Er ist der Typus des russischen Edelmanns aus der Zeit Katharinas. Dem früheren General *en chef* haftet etwas Königliches an; „König von Preußen" ist sein Beiname in der Gesellschaft, und königlich ist auch sein Stolz. Beim Regierungsantritt Pauls auf seine Güter verbannt, bleibt er dort, obschon der Verbannungsbefehl längst aufgehoben. Wenn jemand ihn brauche, so solle er nur die 150 Werst von Moskau zu ihm zurücklegen; er brauche niemanden. Und er behält Recht: man braucht ihn, und selbst die höchsten Würdenträger suchen ihn in seiner Einsamkeit auf. Scharf und ungemein anspruchsvoll ist er zu seiner Umgebung, die vor ihm zittert: doch auch anderen, die nicht unter seiner Gewalt stehen, flößt er unwillkürliche Scheu und Ehrfurcht ein. Er pflegt zu sagen: „Es gibt nur zwei Quellen der menschlichen Laster: Müßiggang und Aberglaube, und nur zwei Tugenden: Tätigkeit und Verstand." Dieser Wahlspruch kennzeichnet ihn als Anhänger der Aufklärung, die unter Katharina ihren Einzug in Rußland hielt. Er liebt seine Tochter Maria, doch seine Liebe versteckt sich unter der Maske von Spott und Kälte und erhält so etwas Quälendes. Maria betet, daß ihr Zusammensein mit dem Vater gut ablaufen möge, wenn sie angstvoll des Morgens in sein Zimmer tritt, wo er ihr Unterricht in der Mathematik erteilt, um ihren Verstand zu entwickeln. Maria ist häßlich, doch bekommt ihr Antlitz einen Zug von Schönheit, sobald sie die großen, strahlenden blauen Augen aufschlägt. An dieser engelhaften Gestalt haftet wenig Irdisches. „Alle verwickelten Gesetze der Menschheit fanden für sie ihre Lösung in dem einen einfachen und klaren Gesetz, in dem Gesetz der Liebe und Aufopferung, das uns der gepredigt hat, der aus Liebe für die Menschheit litt, während er doch selbst Gott war." Vergebende Liebe zu allen, die sie kränken, ist der Kern ihres Wesens. Sie erschrickt wie vor einer teuflischen Versuchung, wenn ihr einmal der Gedanke kommt, der Vater sei ungerecht gegen sie und behandele sie unwürdig, und flüchtet sich vor das Heiligenbild.

Noch mehr als seine Tochter liebt der alte Fürst seinen Sohn Andrej. Andrej ist das Ebenbild des Vaters in seinem Stolz. Dazu erfüllt ihn die Leidenschaft des Ehrgeizes. Freilich nicht jener kleinliche Ehrgeiz eines Berg oder Drubezkoj nach Kreuzen, Rang und fetten Stellen. Er sucht ein Feld für den Tatendrang, der ihn verzehrt; er will wirken und dadurch Ruhm erwerben. Im Kriege des Jahres 1806 hofft er sein „Toulon" zu finden, wie einst Napoleon. Die Petersburger Gesellschaft mit ihren kleinlichen Interessen ist ihm zuwider. Auch mit seiner Frau, der „kleinen Fürstin", lebt er nicht glücklich, weil sie ihn nicht versteht und zu sehr in dem öden Gesellschaftsleben aufgeht, über das er sich erhaben fühlt. Bevor er in den Krieg zieht, befiehlt er seine Gattin, die sich Mutter fühlt, dem alten Fürsten. Dann begibt er sich als Adjutant Kutusows auf den österreichischen Kriegsschauplatz. Der Abschied von Vater und Sohn ist charakteristisch für beide. „Nun leb' wohl!" — Er reichte dem Sohn die Wange zum Kuß und umarmte ihn.

„Bedenke das Eine, Fürst Andrej, wenn du fällst, werde ich Alter mich grämen ... „Er schwieg plötzlich und fuhr dann mit fast schreiender Stimme fort: „Aber wenn ich höre, daß du dich nicht wie der Sohn Nikolaj Wolkonskijs geführt hast, dann ... werde ich mich schämen!" kreischte er. — „Das brauchten Sie mir nicht zu sagen, lieber Vater," sagte lächelnd der Sohn.

So zieht Andrej ins Feld. Am Abend vor der Schlacht bei Austerlitz legt er ein Selbstbekenntnis ab: „Mein Gott, was soll ich machen: ich liebe nur den Ruhm." Vater, Schwester, Frau, alles möchte er dahingeben für eine Minute des Ruhmes, des Triumphes. In der mörderlichen Schlacht wird Andrej schwer verwundet. Er fällt und erblickt über sich den blauen, lichten Himmel, auf dem die weißen Wolken ziehen, und eine wundersam veränderte Stimmung überkommt ihn. „Wie still, ruhig und feierlich die Wolken über diesen endlosen Himmel ziehen ... Wie habe ich nur früher diesen hohen Himmel nicht sehen können? Wie glücklich bin ich, daß ich ihn nun gesehen. Ja, es ist alles eitel, alles Täuschung außer diesem endlosen Himmel. Es gibt nichts außer ihm ... „ Gegen Abend beugt sich Napoleon über ihn beim Überschreiten des Schlachtfeldes. Doch Andrej sieht nur den blauen Himmel mit den eilenden Wolken. Wie nichtig, wie klein erscheint ihm jetzt Napoleon, einst sein Held, im Vergleich mit dem, was in seiner Seele vorgeht und dem endlosen Himmel! Als er verbunden wird und man ihm das Heiligenbild wiedergibt, das ihm die fromme Schwester beim Auszug in den Krieg umgehängt hat, da denkt er zum erstenmal: „Wie schön wäre es doch, zu wissen, wo man eine Hilfe suchen soll in diesem Erdenleben und was uns jenseits des Grabes erwartet." Er kommt zum Schluß: „Es gibt nichts Sicheres als die Nichtigkeit alles dessen, was mir verständlich ist, und die Größe dessen, was mir noch unverständlich, aber wichtiger ist."

Als der schon verloren Geglaubte in einer stürmischen Märznacht an die Tür des Gutshauses in Lyßyja Gory pocht, schenkt die kleine Fürstin gerade ihrem ersten Kinde das Leben und haucht ihre Seele aus. Verbittert zieht sich Andrej auf sein Gut zurück und vergräbt sich dort in der Absicht, nicht mehr zu dienen. An den blauen Himmel von Austerlitz denkt er nicht mehr.

Auch seinem Freunde Pierre hat das Leben Unglück gebracht. Mit einer Frau, wie Helene, kann er nicht glücklich werden. Er hat auf Wunsch seiner Frau sich die Haare lang wachsen lassen und die Brille ablegen müssen und geht, modisch gekleidet, in den Salons seiner Frau mit einem finsteren und vergrämten Gesicht umher, um vor ihren Gästen die Honneurs als Wirt zu machen. Anonyme Briefe machen ihn auf Helenes Untreue aufmerksam: er schießt sich mit einem ihrer Liebhaber, dem Abenteurer Dolochow, und trennt sich nach einer furchtbaren Szene von seiner Gattin. Auf der Fahrt nach Petersburg zieht bei Nacht in dem Zimmer des Posthalters von Torshok, wo er auf Vorspann wartet, sein ganzes Leben an seiner Seele vorüber, und ihm kommen schreckliche Gedanken. „Was ist schlecht und was ist gut? ... Wozu das Leben, wer bin ich? Welche Kraft lenkt alles?" Die Antwort ist: „Du mußt sterben, und alles ist zu Ende. Du stirbst und wirst alles erfahren oder wirst aufhören, zu fragen." Aber der Gedanke an den Tod schreckt ihn. Da enthüllt ihm ein alter Freimaurer die

Geheimnisse seines Ordens: Gott wird nicht mit dem Verstande, sondern durch das Leben erfaßt. Um zur höchsten Weisheit zu gelangen, muß man seinen inneren Menschen läutern und erneuern, muß man glauben und sich vervollkommnen. Zur Erreichung dieses Zieles ist in unsere Seele Gottes Licht, das Gewissen, gelegt. Pierre wird leicht und freudig zu Mut: nun hat sein Leben ein Ziel, er wird Freimaurer, arbeitet an seiner Vervollkommnung und fühlt sich ein neuer Mensch. Er reist auf seine Güter, um seine Bauern zu befreien und ihnen Gutes zu tun. Auf der Rückkehr besucht er den einsamen Andrej, den er in voller Verbitterung findet. „Ich kenne nur zweierlei wirkliches Unglück im Leben: Gewissensbisse und Krankheit. Das einzige Gut ist, von diesen Übeln verschont zu sein. Allein leben und diese Übel vermeiden, das ist meine ganze Weisheit." Doch Pierre predigt dem Freunde in glühenden Worten seine neue Weltanschauung: „Man muß leben, lieben und glauben." Und Andrej denkt zum erstenmal wieder an den blauen Himmel von Austerlitz und fühlt in sich wieder die Freude am Leben erwachen.

Doch mit der Rückkehr zum Leben stellt sich auch die alte Leidenschaft, der Ehrgeiz, wieder ein. Er geht Speranskij ins Netz und wird Mitarbeiter an dessen Reformen. Auch Pierre kehrt ins alte Geleise zurück. Er hat Streitigkeiten im Orden, seine Frau kehrt zurück und in seinen Tagebüchern klagt er sich bitter der Schwäche an. Andrej aber scheint noch einmal das Glück zu lächeln. Er verliebt sich in die sechzehnjährige Natascha Rostowa auf ihrem ersten Ball und findet Gegenliebe. Doch die harte Bedingung des alten Fürsten, die Hochzeit dürfe erst nach einem Jahre stattfinden, wird verhängnisvoll. Während Andrej im Ausland weilt und Natascha sich in Sehnsucht verzehrt, naht das Unheil. Durch einen kühlen Empfang von Maria und den beleidigenden des alten Fürsten ist Natascha tief verletzt. In dieser Stimmung gerät sie in den Bannkreis Helenes: „Wo du bist, da ist Zuchtlosigkeit, da ist das Böse!" ruft Pierre einmal seiner Frau zu. Der schöne Anatol versteht es, die arme Natascha völlig zu umgarnen. Sie schreibt Andrej den Absagebrief und willigt in eine Entführung, die nur durch die Wachsamkeit ihrer Cousine vereitelt wird. Natascha verfällt aus Scham und Verzweiflung über das, was sie getan, in eine schwere Krankheit. Ihr Retter wird Pierre. Als sie ihm in dem Gefühl vernichtender Scham und Erniedrigung klagt, daß für sie nun alles verloren sei, da fühlt Pierre in seinem Herzen aus dem tiefen Gefühl des Mitleids das der Liebe erwachen. „Alles verloren?" ruft er mit Tränen in den Augen aus. „Wenn ich ein anderer wäre, als ich bin, wenn ich der schönste, klügste und beste Mann auf der Welt und frei wäre, so würde ich diesen Augenblick auf den Knien um Ihre Hand bitten!" Und Natascha faßt neuen Mut.

Das Jahr 1812 bricht an. Unaufhaltsam dringen die Franzosen nach Rußland hinein. Der alte Fürst Wolkonskij, der nicht wahr haben will, daß der verachtete „Buonaparte" Rußland ernstlich bedroht, der hartnäckig den Kriegsschauplatz noch in Polen wähnt, kann, vom Schlage gerührt, nur mit Mühe vor den Franzosen auf das Gut seines Sohnes geflüchtet werden. Angesichts des Todes enthüllt sich ihm die Wahrheit: „Rußland ist verloren!" schluchzt er und stirbt.

Andrej hat unterdes den flüchtigen Anatol verfolgt, um Rache zu nehmen, doch er hat ihn nicht gefunden. Natascha verachtet er. „Ein Mann darf und kann nicht verzeihen." Als den Kommandeur eines Jägerregiments finden wir ihn vor Borodino, am Vorabend der Schlacht in tiefen Gedanken. Er ahnt, daß er verwundet werden, daß er sterben wird. Bei diesem Gedanken erscheint ihm plötzlich, als hätte er bisher das Leben nur durch die Zauberlaterne gesehen; jetzt erst sehe er es beim wahren, hellen Tageslicht. „Da sind sie, die grob gemalten Figuren, die mir so schön, so geheimnisvoll erschienen. Ruhm, allgemeine Wohlfahrt, Frauenliebe, Vaterland — wie groß, wie sinnvoll erschienen mir diese Bilder! Und nun ist alles so einfach, blaß und grob beim kalten, weißen Licht des Morgens, der für mich, ich fühle es, jetzt anhebt." Seine Ahnungen erfüllen sich; er wird tödlich verwundet. Während er verbunden wird, erkennt er neben sich in einem beständig schluchzenden und schreienden Menschen, dem gerade ein Bein abgenommen wird, seinen Feind Anatol. Doch kein Haß lebt mehr in seiner Seele, nur Liebe, Liebe selbst zu diesem Menschen. Er weint Tränen der Rührung über die Menschen, über sich und seine und ihre Verirrungen. „Mitleid, Liebe zu den Brüdern, die uns lieben, und zu den Feinden, die uns hassen, die Liebe, die Gott auf Erden gepredigt und die mich Fürstin Maria gelehrt hat, die ich nicht verstand, — deshalb tut es mir leid um das Leben, das würde mir noch bleiben, wenn ich leben könnte. Doch es ist zu spät." Diese Gedanken verlassen ihn nicht mehr. „Die göttliche Liebe hört nicht auf, selbst der Tod kann sie nicht zerstören. Sie ist das Wesen der Seele." Er wird mit den andern Verwundeten nach Moskau gebracht; doch auch von hier flüchten die Einwohner, auch Rostows wollen auf ihre Güter. Das mitleidsvolle Herz Nataschas erreicht von ihren Eltern, daß sie fast alle habe zurücklassen und auf den frei gewordenen Wagen die Verwundeten mitnehmen. Bei Nacht, während von ferne der Brand von Moskau blutig-rot am Himmel schimmert, erlebt sie ein erschütterndes Wiedersehen mit dem einstigen Verlobten. In treuer Pflege bis zu Andrejs Tode sühnt sie ihre Schuld. Mit Maria, die an das Schmerzenslager ihres Bruders eilt, schließt sie innige Freundschaft.

Auch für Pierre bedeutet die Schlacht bei Borodino einen Wendepunkt in seinem Leben. Er nimmt an der Schlacht als Zuschauer teil und ist tief ergriffen von der Todesmutigkeit der einfachen russischen Soldaten. Wie schrecklich ist die Furcht, wie schmählich gab ich mich ihr hin, denkt er. Doch sie, die er vorher gar nicht kannte, die ihn so gutmütig gespeist und getränkt, sie mit ihren einfachen, guten, entschlossenen Mienen, sie blieben ruhig und fest bis zum Ende. Sie redeten nicht, sie handelten. „Nichts kann der besitzen, der den Tod fürchtet; wer ihn verachtet, dem fällt alles zu."

Er erwacht aus seiner Trägheit und kehrt nach Moskau zurück. Infolge einer kabbalistischen Auslegung eines Verses der Apokalypse glaubt er sich vom Schicksal ersehen, „die Welt von der Herrschaft des Tieres zu befreien". Er bleibt verkleidet in Moskau, um Napoleon zu ermorden. Doch beim Brande der Stadt wird er als Brandstifter ergriffen und entgeht nur mit Not der Exekution. Er bleibt in der Gefangenschaft der Franzosen, die ihn auch auf dem Rückzuge mitschleppen, hier kommt er mit einem einfachen russischen Soldaten, Platon Karatajew, zusammen, der für ihn ein größerer Lehrer wird, als einst der Freimaurer, und ihm des Lebens wahren Sinn erschließt. Der einfache Soldat, der so rührende, echt menschliche Anteilnahme für ihn hat; der in allem Unglück stets zufrieden bleibt, weil er stets tätig ist; der in unerschütterlichem Glauben beten kann; der seine Lieder so natürlich, wie die Vögel unter dem Himmel, singt; dessen Mund von der köstlichen Sprichwörterweisheit des Volkes überfließt; der an den langen Winternächten so erbauliche Geschichten zu erzählen weiß, wird für Pierre die ewige und unerreichte Verkörperung des Geistes der Einfachheit und Wahrheit. Platon Karatajew „lebte in Liebe mit allen, mit denen ihn das Leben zusammenführte, besonders mit den Menschen, — nicht mit einem bestimmten Menschen, sondern mit allen Menschen, die er vor sich sah. Er liebte seinen kleinen Hund, liebte die Kameraden, die Franzosen, Pierre ... Sein Leben, wie er es auffaßte, hatte keinen Sinn als Einzelleben. Es hatte Sinn nur als ein Teilchen jenes Ganzen, das er beständig fühlte."

Platon wird von den Franzosen auf dem Rückzug erschossen, weil er nicht mehr weiter kann. Doch er stirbt nicht in Pierres Seele. Als dieser aus allen Gefahren und der Gefangenschaft gerettet ist und nach einer schweren Krankheit wieder zu sich kommt, ist er ein anderer Mensch geworden. Er sucht keinen Zweck des Lebens mehr, weil er jetzt den Glauben an Gott hat. Gott aber hat er in der Gefangenschaft gefunden. Dort hatte er erkannt, „daß Gott in Karataiew größer, unendlicher, unfaßbarer ist als in dem von den Freimaurern bekannten

Architekton des Weltalls." Nun umspielt immer ein glückliches Lächeln seine Lippen, in seinen Augen schimmert die Teilnahme für alle Menschen, und alle lieben ihn. So ist der große Millionär, der mächtige „Barin", geläutert durch den Umgang mit dem einfachen Mann aus dem Volk, so daß Natascha zu ihrer Freundin von ihm sagen kann: „Er ist so rein, so glatt, so frisch geworden, als käme er aus dem Bade. Du verstehst mich? moralisch aus dem Bade."

Pierre, der durch Helenes Tod frei geworden, heiratet Natascha, Nikolaj Rostow die Fürstin Maria, der er einmal während des Krieges Ritterdienste geleistet hat. Mit Bildern aus dem glücklichen Familienleben dieser beiden Paare schließt das große Werk.

Doch ist sein Inhalt mit den Geschicken der Hauptpersonen, wie sie hier in Kürze betrachtet sind, wahrlich nicht erschöpft. In realistischen, packenden Bildern tritt uns das Leben im Heere und der Krieg entgegen. Die Truppenschau bei Braunau, die Schlachten bei Austerlitz und bei Borodino, der tapfere Tuschin mit seiner Batterie, die Aufgabe Moskaus, die in einem großartig ausgeführten Bilde mit dem Ausschwärmen eines Bienenschwarmes verglichen wird, der Brand von Moskau, die Franzosen auf dem Rückzug; alles das sind Perlen der Darstellungskunst. Sagt doch z. B. ein so strenger Kritiker wie Rußlands berühmtester Taktiker, General Dragomirow, von der Besichtigung bei Braunau: „Zehn Schlachtenbilder des besten Meisters, von größtem Umfang, möchte man dafür dahingeben. Man kann es kühn aussprechen: jeder Soldat, der das liest, wird unwillkürlich ausrufen: „Das hat er nach unserem Regiment gezeichnet!"

Von den Generälen hat des Dichters besondere Liebe Kutusow. „Geduld und Zeit, das sind meine Helden," ist sein Wahlspruch. Er ist ein echter Russe, der vor allem die Fühlung mit dem Volke nicht verloren hat. Er kniet mit seinen Soldaten vor den Heiligenbildern; als er hört, daß die Franzosen aus Moskau ziehen, und er versteht, daß dadurch Rußland gerettet ist, da faltet er die zitternden Greisenhände zum Gebet und bricht in Tränen aus. Er vertraut der in seinen Soldaten ruhenden Kraft und greift nicht unnütz in die Schlacht ein. Gesenkten Hauptes sitzt er bei Borodino und gibt keine Befehle. „In langjähriger kriegerischer Erfahrung hatte er gelernt und war überzeugt in seinem greisen Verstand, daß ein einzelner Mensch nicht hunderttausende lenken kann, die mit dem Tode kämpfen. Er wußte, daß nicht die Befehle des Höchstkommandierenden, nicht der Standort der Truppen, nicht die Unzahl der Kanonen und der Gefallenen die Geschicke der Schlachten lenken, sondern die unerfaßliche Kraft, die man den Geist des Heeres nennt, und er achtete auf diese Kraft und leitete sie, soweit es in seiner Macht stand." Es gibt keine Größe da, wo es keine Einfachheit, Güte und Wahrheit gibt, sagt Tolstoi. So überragt sein Kutusow weit den grausamen, theatralischen Rostoptschin und den Komödianten Napoleon, „der bis an sein Lebensende weder das Gute, noch die Wahrheit, noch den Sinn seiner Handlungen begreifen konnte."

In „Krieg und Frieden" hat Tolstoi auch eigentümliche kriegs- und geschichtsphilosophische Ansichten niedergelegt, wie man schon aus der obigen Schilderung Kutusows merkt. Tolstoi zeigt sich als ein eifriger Anhänger der damals noch neuen Wissenschaft der Soziologie, die ihm die erwünschte Möglichkeit zu geben schien, die Massen, also sein geliebtes Volk, als den wahren Helden jener großen Ereignisse auftreten zu lassen. Entschieden wendet er sich gegen die Große-Männer-Theorie: die Massen wirken, nicht die Einzelnen. „Bei den historischen Ereignissen sind die sogenannten großen Männer die Etiketten, die das Ereignis benennen, die aber auch, wie Etiketten, mit dem Ereignis am wenigsten zu tun haben." Diese Anschauung dehnt Tolstoi nun auch auf das Heer aus. Der weise Kutusow gibt, wie wir sahen, keine Befehle, da sie ja doch unnütz sind; auch Napoleon hat nach Tolstoi keine Macht, den Rückzug seines Heeres zu lenken; er tut vielmehr alles, sozusagen, unter dem Druck seines Heeres. „Napoleon war während dieser Zeit in seinem Tun einem Kinde gleich, das sich an der im Wagen angebrachten Quaste hält und sich einbildet, zu kutschieren." So weit geht Tolstoi, daß er, als Napoleon einmal einen Befehl gibt, ausdrücklich hinzufügt: „wie die Historiker sagen." Bei solchen Anschauungen gibt es für Tolstoi auch keine Theorie der Kriegskunst: alle Schlachten gehen ja unter der Macht der Massen ganz anders vor sich, als es sich der Befehlshaber vorher ausgedacht hat. Das zeigt er namentlich am Verlauf der Schlacht bei Borodino. Von seinem sehr einseitigen Standpunkte aus geht Tolstoi nun noch einen Schritt weiter. Wenn das, was geschieht, nie und nimmer auf die Wirksamkeit eines Einzelnen zurückzuführen ist, so kann es auch keine Einzelursache für das historische Geschehen geben. So erörtert er die

Ursache des Krieges von 1812: „Eine ebensolche Ursache, wie die Weigerung Napoleons, hinter den Niemen zurückzugehen und das Herzogtum Oldenburg zurückzugeben, ist für uns auch das Wollen oder Nichtwollen des ersten besten französischen Korporals, zum zweitenmal Dienste zu nehmen. Denn wenn er nicht wollte und es wollte ein zweiter, ein dritter, ein tausendster Korporal oder Soldat nicht, so hätte Napoleon um soviel weniger Soldaten gehabt, und der Krieg hätte nicht stattfinden können." So gibt es Milliarden von Ursachen für jedes historische Ereignis, d. h. es gibt keine ausschließliche. „Das Ereignis muß geschehen, weil es geschehen muß." Tolstoi wird also durch seine auf die Spitze getriebenen und, man muß wohl sagen, verzerrten soziologischen Theorien zu einer vollkommen fatalistischen Geschichtsauffassung geführt.

Diese philosophischen Erörterungen sind – namentlich im dritten und vierten Band – in die Erzählung mitten hinein verwoben. Zusammenhängend gibt Tolstoi seine Geschichts Philosophie in einem Schlußkapitel, dem ganzen zweiten Teil des Epilogs. Er kommt zu dem Ergebnis, daß die Bewegung der Völker weder durch Macht, noch durch Verstandestätigkeit, noch durch die Vereinigung beider geschehe, sondern vielmehr durch die Tätigkeit aller Menschen, die Teil an dem Ereignis nehmen. Und zwar vereinigen sich diese stets in der Weise, daß diejenigen, die am direktesten an dem Ereignis beteiligt sind, die geringste Verantwortung dafür tragen, und umgekehrt. So sinkt die Macht des Einzelnen für Tolstoi zu einem Phantom herab im Vergleich zur Kraft der Massen. Tiefsinnige Spekulationen, in vielfachen Wiederholungen und etwas ungelenker Sprache vorgetragen, über das große Problem von der Freiheit des Willens und der Notwendigkeit beschließen „Krieg und Frieden" — ein nicht gerade künstlerischer Schluß. Die Philosophie in dem Werke würde man gern missen. Es ging aber Tolstoi eigenartig mit der Philosophie, wie Turgenew schreibt: „Die Philosophie hat sich an ihm gerächt, indem sie ihn selbst infiziert hat. Unser Feind alles Räsonierens hat jetzt selbst zu räsonieren begonnen, was das Zeug hält!"

Doch wie ein gewaltiger Baum großartig und schön bleibt, trotz ein paar Knorren und Auswüchsen, so stört auch Tolstois Philosophie nur wenig den großartigen Eindruck seines Werkes. Der Erfolg war ein ungeheurer und dauert noch heutigentags an. Wohl über kein russisches Buch ist soviel geschrieben worden, als über „Krieg und Frieden". Doch wie alle wahrhaft großen Werke ist es unerschöpflich und bringt immer neue Betrachtungen hervor. Russische Kritiker haben gesagt, man könne es ernsthaft nur mit der „Ilias" vergleichen. Nun, das ist ein Superlativ. Doch die russische Literatur hat alles Recht, stolz auf dieses Werk zu sein. So ruft Strachow in seinen schönen und wertvollen Aufsätzen über „Krieg und Frieden" aus: „Wie sollten wir uns nicht freuen! Wenn uns jetzt Ausländer nach unserer Literatur fragen, so brauchen wir ihnen nicht mehr zu antworten, daß sie zu schönen Hoffnungen berechtige, daß sie gute Anfänge aufweise; wir brauchen uns nicht mehr in Entschuldigungen zu ergehen und auf mildernde Umstände zu verweisen, um die Entartung und Einseitigkeit unserer jetzigen literarischen Autoritäten zu erklären. Nein, wir weisen geradezu auf „Krieg und Frieden", als auf eine reife Frucht unserer Literaturbewegung, als auf ein Werk, vor dem wir voller Ehrfurcht stehen, das uns wert und teuer ist, nicht, weil wir kein besseres haben, sondern weil es zu den größten und besten Schöpfungen der Dichtkunst gehört, die wir kennen und die wir uns nur denken können."

10. Die großen Romane: „Anna Karenina".

Nach dem großen Erfolg von „Krieg und Frieden" schien es fast, als ob Tolstoi in dem historischen Roman die eigentliche Aufgabe für seine Kunst sehen wollte. Nicht nur, daß er ein paar Kapitel der „Dekabristen" schrieb, sondern er ging mit Eifer an ein neues Werk: die Epoche Peters des Großen. So konnte die Gräfin im Dezember 1872 ihrem Bruder schreiben: „Ljowotschka liest immerfort historische Bücher über die Zeit Peters des Großen und interessiert sich sehr dafür. Er notiert sich einzelne Züge und Charaktere, Bemerkungen über das Leben des Volks und der Bojaren, über Peters Wirken u. a. m." Doch dauerte dieses Interesse nur bis zum Sommer 1878, dann gab Tolstoi diese Beschäftigung auf. „Durch das Studium der Quellen kam ich zu völlig anderen Ansichten über Peter I. Er verlor für mich alles Interesse," sagte er später darüber einmal zu Ssergejenko. Dieser erzählt auch, wie Tolstoi auf seinen neuen Roman kam. Einmal schlug er Puschkins Erzählungen auf, aus denen sein Sohn gerade vorgelesen hatte, und stieß auf die Stelle: „Die Gäste kamen in der Villa zusammen." Er war entzückt: „So sollte man immer anfangen, das erregt sogleich das Interesse des Lesers." Und er ging sofort in sein Arbeitszimmer und schrieb den Satz nieder: „Alles ging drunter und drüber im Hause der Oblonskijs." Aus diesem bescheidenen Anfang entstand der zweite große Roman Tolstois „Anna Karenina", der ihn in den Jahren 1873 bis 1876 beschäftigte.

Zwei Liebesgeschichten laufen in „Anna Karenina" nur lose verknüpft neben einander her. Die eine ist die denkbar gewöhnlichste: der Gutsbesitzer Ljowin wirbt um seine Jugendliebe Kitty Schtscherbazkaja; nach einer anfänglichen Abweisung wird er doch glücklich mit ihr vereint, lebt mit ihr auf seinem Gut in glücklichster Ehe, und die Geburt eines Söhnchens krönt dieses Glück. Ein düsteres Gegenstück hierzu ist die andere Liebesgeschichte: Anna Karenina, die Frau eines hohen Petersburger Beamten, verliebt sich in einen jungen Offizier, den Grafen Wronskij, und verläßt das Haus ihres Gatten, um mit ihrem Liebhaber zu leben. Nach einem kurzen Glückes rausch treiben sie die Unerträglichkeit ihrer Lage und ständige Qualen der Eifersucht in den Tod, den sie unter den Rädern eines Eisenbahnzuges sucht und findet. Aus der Geschichte dieser so ungleichen Paare treten gleichzeitig noch zwei andere Gegensätze hervor, die bei Tolstoi so häufig wiederkehren: das Leben auf dem Lande, in der Natur, in ständiger Berührung mit dem Volk, und das Leben in der Stadt, in den verderbten Kreisen der großen Welt.

Und Tolstoi kargt wieder nicht mit den Ausdrücken seiner Abneigung gegen das letztere. Es sind alles negative Gestalten, die Mitglieder der großen Welt! Da sind die vornehmen Damen, die samt und sonders ihre Romane haben, wie die Fürstin Betsy Twerskaja, „die sich mit einer Hand am Hofe halten, um nicht zur Halbwelt herabzusinken," mit der sie im Grunde doch alle Neigungen teilen. Da sind Typen, wie Stepan Arkadjewitsch Oblonskij, Annas Bruder, die nur ihrem Vergnügen leben. „Darin besteht eben der Zweck der Bildung, sich aus allem ein Vergnügen machen zu können," und: „Wozu über jene Welt nachdenken, wenn es doch auf dieser Welt so vergnüglich ist, zu leben," sind Äußerungen, die Oblonskijs Lebensanschauung kennzeichnen. Da ist ferner Wronskij, Annas Geliebter. Er hat seinen festen Kodex von Lebensregeln, was man tun muß und was man nicht tun darf. „Einem Glücksritter muß man die Spielschulden bezahlen, den Schneider braucht man nicht zu bezahlen: betrügen darf man niemanden, aber Ehemänner zu betrügen ist erlaubt: Beleidigungen darf man nicht auf sich sitzen lassen, aber selbst beleidigen darf man." Wenn er diese Regeln streng befolgt, so fühlt er sich im Einklang mit den Forderungen der Welt des *comme il faut* und darf seinen Kopf hochtragen. In dieser Welt ist ein Mann wie Annas Gatte, Karenin, eine Arbeitsmaschine, dem alle warmen Gefühle fremd sind, der nur seinem Dienst und seinem Ehrgeiz lebt, noch eine der sympathischeren Persönlichkeiten. Selbst die Religion der Menschen dieser Welt, wenn sie eine solche überhaupt haben, ist falsch und unwahr, wie das überspannte, mystische Christentum der Gräfin Lydia Iwanowna.

Weil sie auf diesem Boden erwachsen ist und lebt, deshalb fällt Anna. Sie liebt ihren sechzehn Jahre älteren Gatten nicht, dem sie angetraut worden, ohne zu wissen, was Liebe ist, und der es wohl selbst auch nicht weiß. „Wenn er nicht gehört hätte, daß es Liebe gibt, würde er das Wort nie in den Mund nehmen." Doch auch nicht die Pflicht als Mutter kann Anna zurückhalten, so stark und ungezügelt ist die plötzlich erwachte Leidenschaft. Als dann während des ungesetzlichen Lebens an Wronskijs Seite sich in ihr der Zwiespalt regt: sie liebt Wronskij, aber sehnt sich doch auch nach ihrem Sohn; als der Zweifel kommt, ob sie „mit ihren weißen Armen" den Geliebten ewig werde festhalten können; als die Gesellschaft, in der sie bisher gelebt, sich von ihr abwendet, da weiß sie nicht, wo sie einen Halt finden soll, und der Tod auf den Schienen scheint ihr der einzige Ausweg. So erfüllt sich an ihr das Motto, das Tolstoi an die Spitze des Romans gestellt hat: „Die Rache ist mein, ich will vergelten." Es fehlt diesen Menschen der großen Welt allen das Bewußtsein, daß es noch ein höheres, erhabeneres Gesetz gibt als die Gesetze ihres eitlen Lebens, die sie sich selbst machen und befolgen. Wohl leuchtet manchmal eine Ahnung davon hinein in ihr Leben, doch sie erlischt bald wieder. Als Anna nach der Geburt ihres Töchterchens mit dem Tode ringt, da steht Wronskij, der Mann, der sonst den Grundsatz bekannt hat: „Nur der unschuldige Liebhaber ist lächerlich; wer aber eine Frau zum Ehebruch verführt, tut etwas Heroisches," vor ihrem Lager und hat vor Scham die Hände vor das Gesicht geschlagen. Und Karenin, der vorher noch sein Weib haßte und ihren Tod wünschte, reicht ihm unter strömenden Tränen die verzeihende Hand. „Ich habe vergeben; ich will den andern Backen darbieten, ich will den Mantel lassen dem, der mir den Rock nehmen will. Ich bete nur zu Gott, daß er mir nicht das Glück nehme, zu verzeihen." Doch diese Stunde, in der sich ihnen ein Höheres offenbart, geht für beide nur zu schnell vorüber. Karenin fühlt nach einiger Zeit, daß seine Lage unmöglich ist, daß es außer der guten, geistigen Kraft, die seine Seele lenkt, noch eine andere, ungefüge, stärkere Kraft gibt, die sein Leben lenkt und ihm die gewünschte, ergebungsvolle Ruhe raubt. Und Wronskij, dem aus dem lichten, klaren Blick des verzeihenden Karenin ein Etwas entgegenleuchtet, das er nicht versteht, fühlt die ganze Erbärmlichkeit seines bisherigen Lebens, so daß er es von sich werfen will. Doch die Kugel trifft schlecht, und das alte Leben geht weiter. Ob er im türkischen Krieg geläutert werden wird, wohin er nach Annas schrecklichem Tode zieht, um zu vergessen und zu sterben? Wir erfahren es nicht ...

Nun der Gegensatz dazu, die andere, lichte Welt des Landlebens. Ljowin ist auf dem Lande aufgewachsen; er fühlt sich eins mit der Natur und dem Volk. Er kann es nicht verstehen, wenn sein Stiefbruder, der berühmte Gelehrte Kosnyschew, sagt, er liebe das Volk. „Das Volk als etwas Besonderes lieben oder nicht lieben, konnte er nicht, weil er nicht nur mit dem Volke lebte, weil nicht nur alle seine Interessen mit dem Volke verknüpft waren, sondern weil er sich selbst als einen Teil des Volkes betrachtete. So sah er weder an sich noch an dem Volke besondere Güte oder schlechte Eigenschaften und konnte sich nicht zum Volke in einen Gegensatz stellen." Wir sehen Ljowin mit seinen Bauern in trautem Verkehr und als Teilnehmer an ihrer Arbeit. Ja, bisweilen kommen ihm Olenins Gedanken: dem alten Leben, der ganz unnützen Bildung zu entsagen, ein neues Leben mit dem Volke anzufangen. Gegen die Stadt und das Leben der großen Welt fühlt er den lebhaftesten Widerwillen. Die Stadt ist ihm ein Babylon; in der Stadt empfindet er „Verwirrung und Scham", die erst schwinden, wenn er wieder auf seine Scholle zurückkehrt. Er steht den Menschen der großen Welt ganz fremd gegenüber, diesen Menschen, die sich die Nägel lang wachsen lassen, weil sie ihre Hände nicht zur Arbeit gebrauchen, die sich aus dem Essen ein Vergnügen machen! Er hat kein Verständnis für ihre Sitten und Gebrauche. Er reflektiert über die Visite: „Ich bin dessen so entwöhnt, daß ich mich schäme. Was soll das? Kommt da ein fremder Mensch, setzt sich, sitzt ohne Notwendigkeit, stört die Menschen, verstimmt sich selbst und geht wieder weg." So spottet man über ihn, er wäre ganz anders wie alle Menschen. Doch er braucht sich dessen nicht zu schämen. Er ist rein geblieben, er kann erröten, nicht wie die Erwachsenen, sondern wie die Kinder erröten; wie quält er sich, Kitty seine Sünden zu gestehen, obwohl er deren nach Oblonskijs Urteil wenig genug hat! Als er Kitty heimgeführt hat, beginnt für beide ein harmonisches, glückliches Zusammenleben in der friedlichen Stille des Guts. Und wenn etwa ein störender Schatten aus jener fernen, großen Welt in diesen Sonnenschein hineinfallen will, so weiß ihn Ljowin energisch zu entfernen, wie den galanten Weslowskij.

Nicht genug, daß Ljowin viele Ansichten Tolstois vertritt, hat dieser auch viele Züge von seiner Person und aus seinem Leben auf ihn übertragen. Ljowin ist breitschultrig, eckig, befangen, wie der junge Tolstoi geschildert wird; er liebt, wie Tolstoi, die landwirtschaftlichen Arbeiten und das Turnen; auch er schreibt der Geliebten die schicksalsschwere Frage mit Kreide auf den Kartentisch: auch ihm stirbt ein geliebter Bruder an der Schwindsucht, und dieser Tod macht auf ihn ebenfalls einen tief erschütternden Eindruck.

Nun läßt Tolstoi noch zum Schluß des Romans Ljowin dieselbe seelische Umwandlung erleben, die sich in ihm, während er dies schrieb, schon vorbereitete. Ljowin ist ungläubig: er glaubt nicht an das, was die Kirche lehrt. Sein Leben ist so mit Sorgen um den Tag ausgefüllt, daß er sich keine Gedanken über den Sinn dieses Lebens macht. Als nun der Tod zum erstenmal beim Hinscheiden des Bruders an ihn herantritt, da sieht er an dem Gesichtsausdruck des Sterbenden, daß für diesen etwas klar wird, was ihm dunkel bleibt. Fast beneidet er den Toten um dieses Wissen. Nun läßt ihn der Gedanke: was ist das Leben? was ist der Tod? nicht mehr los. Er martert sich, er liest alle Philosophen und theologischen Werke: vergebens. Die Welt ist endlos, ich bin ein Nichts, das ist das Einzige, was er daraus entnimmt. Und Ljowin muß Schnur und Flinte verstecken, um seinem ihm sinnlos scheinenden Leben nicht ein gewaltsames Ende zu geben. Was er auch tut, die Fragen: Was bin ich? wo bin ich? warum bin ich hier? verfolgen ihn unaufhörlich. Da hört er einmal einen alten Bauern sagen: „Mitjucha lebt nur für den Tag und sorgt, wie er sich den Bauch vollschlage; Fokanytsch aber ist ein rechtlicher Greis; der lebt für seine Seele und denkt an Gott." Da blendet es Ljowin wie von unerwartetem Licht. Er denkt: Fjodor sagt, der eine lebt für seine Notdurft, und das ist schlecht. Das tun wir alle, denn so will es der Verstand. Aber Fjodor und wir alle wissen, daß es schlecht ist.

Dieses Bewußtsein liegt außerhalb des Verstandes. Wer enthüllt uns dieses Bewußtsein, was gut und was schlecht ist? Es ist uns von Geburt an in die Seele gelegt. Mit Freudentränen ruft Ljowin aus: „Herr Gott, ich danke dir, das ist der Glaube!" Glücklich über diese Offenbarung, wiederholt er am Schlusse sein neues Glaubensbekenntnis: „Ich werde nicht mit dem Verstande begreifen, warum ich bete, doch ich werde beten ... Mein ganzes Leben, was auch immer mit mir geschehen möge, jeder Augenblick darin ist nicht nur nicht sinnlos, wie es früher war, sondern hat den unzweifelhaften Sinn des Guten, den ich im Stande bin, in das Leben hineinzulegen."

So verdankt auch Ljowin, wie Pierre, seine innere Umwandlung, das Erkennen des wahren Sinns des Lebens, den Glauben einem einfachen Mann aus dem Volk.

Wie „Krieg und Frieden" ist auch „Anna Karenina" unendlich inhaltsreich. Szenen aus der großen Welt, Theater, Rennen, Bälle, Festmähler, wechseln mit Bildern aus dem Landleben, Jagden, Angeln, Mähen, ländlichen Vergnügungen. Tolstoi führt uns in Malerateliers in Italien und nach Soden zu den Schwindsüchtigen; er zeigt uns Adelswahlen in der kleinen Gouvernementsstadt und spiritistische Séancen in der Hauptstadt. Es ist, als ob das bunte, wechselvolle Leben selbst an uns vorüberziehe „in einem unglaublich klaren und schönen Spiegelbilde".

11. Der Wendepunkt in Tolstois innerem Leben.
Den letzten Teil von „Anna Karenina" schrieb Tolstoi mit größter Unlust. „Jetzt mache ich mich an die lang-

weilige, abgeschmackte ‚Anna Karenina' mit dem einen Wunsch, mir so bald als möglich Raum zu schaffen, Muße für andere Dinge zu gewinnen, doch nicht für die pädagogischen Beschäftigungen, die ich gern habe, aber doch aufgeben möchte. Sie rauben zu viel Zeit," heißt es in einem Brief an Fet vom August 1875.

Wozu bedurfte Tolstoi der Muße um jeden Preis, selbst auf Kosten seiner pädagogischen Tätigkeit, die ihm doch sonst so am Herzen lag? Er brauchte sie, um den Gedanken nachzuhängen, die ihn zu jener Zeit unablässig zu verfolgen begannen, um sich Fragen zu beantworten, die ihn quälten und ungeduldig auf Antwort harrten, die sich nicht abweisen ließen ... Ein neuer, ernster Ton klingt aus Tolstois Briefen der 70er Jahre heraus. „Sie sind krank und denken an den Tod; ich aber bin gesund und muß doch unaufhörlich an ihn denken" Und bald darauf: „Zum erstenmal sprechen Sie mir von der Gottheit, von Gott. Und ich denke schon lange unaufhörlich an dieses große Rätsel. Sagen Sie nicht, daß man daran nicht denken könne; man kann es nicht nur, man soll es. Zu allen Zeiten haben die besten, d. h, die wahren Menschen darüber nachgedacht. Und wenn wir es nicht können wie sie, so müssen wir eine andere Möglichkeit finden, es zu tun. Haben Sie die Gedanken von Pascal gelesen?" Dieses Buch las damals Tolstoi mit Begeisterung: er begann zu der zweiten Art von Menschen zu gehören, die Pascal „vernünftig" nennt, zu denen, „die Gott von ganzem Herzen suchen, weil sie ihn noch nicht kennen." So macht er dem Freunde liebevolle Vorstellungen, daß er zu ausschließlich in den Sorgen des Alltagslebens aufgehe. „Obwohl ich Sie so liebe, wie Sie sind, bin ich Ihnen doch immer böse, weil Sie sich wie Martha viel Sorge und Mühe machen, und Eins ist Not. In Ihnen ist dieses Eine sehr stark, aber Sie beachten es nicht ... In Ihnen ist die Lebenslust zu groß: wenn einmal der Lebensfaden abzureißen droht, wird es Ihnen schlecht gehen. Ich bin so gleichgültig gegen das Leben, daß ich kein Interesse daran habe."

In seiner „Beichte" hat Tolstoi schlicht und wahrheitsgetreu von den inneren Kämpfen erzählt, die er in jenen Jahren durchlebte. Er kränkelte damals viel, und wohl manchmal wird ihm der Gedanke an den Tod gekommen sein. Und damit zugleich die Frage, wie er sie schon nach dem Tode seines geliebten Bruders Nikolai aufwarf, nach des Lebens Sinn: warum soll man sich mühen und sorgen, wenn morgen schon der Tod kommen kann und von unserem Ich nichts übrig bleibt? „Ehe ich mich mit dem Gut in Ssamara beschäftige, mit der Erziehung meines Sohnes, mit dem Schreiben von Büchern, muß ich wissen, warum ich das tue. Ehe ich das nicht weiß, kann ich nichts tun, kann ich nicht leben." Er zermartert sein Hirn und findet doch keine andere Antwort, als daß das Leben ohne Sinn ist. Und er, der glückliche Gatte und Vater, der berühmte Schriftsteller, ein Mann, dem das Leben alles gebracht hat, was es geben kann, muß, wie Ljowin, den Strick verstecken und aufhören, mit der Flinte auf die Jagd zu gehen, um die Versuchung zu fliehen, sich das Leben zu nehmen. Doch vielleicht, denkt er, habe er etwas übersehen, das ihm Antwort geben kann auf die Frage: „hat mein Leben einen Sinn, der nicht durch den unvermeidlichen Tod aufgehoben wird?" Er wendet sich an die Wissenschaft und findet keine Antwort, weder in der Naturwissenschaft, noch in der Philosophie, ob er nun Sokrates oder Schopenhauer, Salomo oder Buddha befragt. Es kommt alles auf eines hinaus, wie es der Prediger Salomo ausspricht: „Es ist alles ganz eitel. Was hat der Mensch mehr von all seiner Mühe, die er hat unter der Sonne? Ein Geschlecht vergeht, das andere kommt; die Erde aber bleibet ewiglich." Er wendet sich nun mit seiner Frage weiter an die Menschen, zunächst die seines Kreises, die doch in der gleichen Lage sind. Finden sie einen Ausweg? Die einen leben stumpf dahin, und die Frage stößt ihnen niemals auf; andere ersticken die ihnen unbequemen Gedanken durch die Genüsse dieses Lebens. Ein dritter Teil, die Kraftvollen und Energischen, machen dem Leben, dessen Unwert sie erkannt, entschlossen ein Ende: ein vierter, zu dem Tolstoi sich selbst zählt, erkennt zwar des Lebens Unwert, hält aber in Schwäche aus und wartet. Bei den Menschen seines Kreises findet Tolstoi also keine Antwort. Da denkt er weiter: es leben doch Millionen von Menschen, die ganze große Masse der Menschheit, denen nie der Gedanke kommt, das Leben habe keinen Sinn. Woher schöpfen diese die Kraft, zu leben? Und jetzt findet Tolstoi die Antwort: der Glaube ist des Lebens Kraft. „Glaube ist die Gewißheit, daß das menschliche Leben einen Sinn hat, eine Gewißheit, durch die der Mensch lebt." Nun möchte auch er diesen Glauben gewinnen. Er wendet sich zunächst wieder an die Gebildeten seines Kreises; doch er findet nicht, was er sucht. Sie haben zwar einen Glauben, aber er hat keine Beziehung zu ihrem Leben, ist ein Ding völlig für sich und völlig verschieden von ihrem Leben. Jetzt nimmt Tolstoi seine Zuflucht zum Volk. „Ich begann, mich den Gläubigen unter den armen, einfachen, ungelehrten Menschen zu nähern, den Pilgern, Mönchen, Sektierern und Bauern." Er stellt sich an die große Straße, die an Jasnaja Poljana vorüberführt, auf der die Wallfahrer nach den heiligen Stätten ziehen. Und nun findet er das Gesuchte: diese einfachen Leute aus dem Volk haben den echten Glauben, der völlig eins ist mit ihrem Leben, der seine Kraft im Leben wie im Sterben offenbart. „Ein ruhiger Tod ohne Schrecken und Verzweiflung ist eine seltene Ausnahme in unsern Kreisen, ebenso wie ein unruhiger, unfreudiger Tod inmitten des Volkes." So schließt Tolstoi, daß das Leben des arbeitenden Volkes allein das Leben im wahren Sinne des Wortes ist. Er sieht jetzt ein, daß sein Leben ohne Sinn war, weil er wie ein Parasit lebte. „Der Mensch muß das Leben erringen, wie die Tiere; nur mit dem Unterschied, daß er zu Grunde geht, wenn er es für sich allein erringen will. Er muß es erringen, nicht für sich, sondern für alle."

Als Tolstoi nun verstanden hat, daß der Glaube des Lebens Kraft ist, beginnt er, Gott zu suchen, um an ihn zu glauben. Die Philosophie lehrt, man könne das Dasein Gottes nicht beweisen, und er sieht ein, daß sie recht hat. Doch eine innere Stimme sagt ihm, es gibt einen Gott. Er betet zu diesem unbekannten Gott, er möge sich ihm offenbaren. An einem Frühlingstag ist Tolstoi allein im Walde und lauscht dem Waldesrauschen und quält sich und sucht Gott. Da kommt es über ihn wie eine Offenbarung: „Ich lebe nur, wenn ich an Gott glaube; wenn ich nicht glaube, so möchte ich sterben. Was suche ich also noch? Ohne ihn kann ich nicht leben. Gott kennen und leben ist also dasselbe. Gott ist das Leben." Und es wird licht in ihm, er ist vom Selbstmord gerettet und beginnt wieder an einen höheren Willen zu glauben. Des Lebens Zweck ist, in Übereinstimmung mit diesem Willen zu leben, immer besser, immer vollkommener zu werden.

Ob Tolstoi wohl die „Kritik der praktischen Vernunft" gelesen hat? Er hätte jedenfalls an Kant eine Stütze in seinen schweren Seelenkämpfen um den Glauben finden können. Kant ist doch nicht allein der Zerstörer der Beweise für das Dasein Gottes, als der er bei Tolstoi in der „Beichte" erscheint. Kant hat auch gezeigt, daß der Glaube aus der praktischen Vernunft, aus der Willensseite des Menschen, hervorwächst und daher nicht der Kritik des Verstandes unterliegen kann.

Nachdem nun Tolstoi seinen Gott gefunden hat, wendet er sich auch wieder seiner Kirche zu, um Gott zu dienen. Er besucht regelmäßig den Gottesdienst, betet und fastet, beichtet und nimmt das Abendmahl. Doch er fühlt sich enttäuscht, er versteht vieles nicht bei seiner Kirche. Wozu die unendlich vielen Feiertage, der Heiligendienst, all das Äußerliche? Wie kann die Kirche Fürbitten aussprechen für die Siege der russischen Truppen im türkischen Kriege, wo doch Christus gesagt hat: „Liebet eure Feinde"? Und ein neuer Zweifel: es gibt so viele Kirchen, die auf dem Boden der christlichen Lehre entstanden sind: welches ist die rechte? In der Lehre seiner Kirche findet er Wahres und Falsches. Woher stammt das Falsche? So kommt ihm der Gedanke, man müsse auf die heilige Schrift zurückgehen. Dort werde sich das Wahre finden lassen, und man werde das Wahre vom

Falschen sondern müssen. Und er verläßt die Kirche und beginnt das Studium des Evangeliums, als der Quelle der christlichen Lehre; die Ergebnisse dieser Studien spricht er in seinen folgenden Schriften aus.

So beginnt für Tolstoi mit dem Jahre 1877 ein neues Leben. „Ich bin seit 1877 ein ganz neuer Mensch geworden. Ich zähle nur diese Zeit. Was vorher liegt, ist Eitelkeit und Selbstsucht," sagte er einmal zu Löwenfeld. Innere Wandlungen, die zu einem neuen Leben führen, waren schon stets ein Lieblingsgegenstand seiner künstlerischen Darstellung gewesen: man denke an Nikolai Irtenjew, an Nechljudow, an Mascha in „Familienglück", an Fürst Andrej und Pierre, an Ljowin und zuletzt noch an Nechljudow in der „Auferstehung". Nun erlebte er selbst eine solche Wandlung und den Anbruch eines neuen Lebens. Er hat erkannt, daß das wahre Leben das des arbeitenden Volkes ist, darum nähert er sein Leben dem des Volkes. Er legt das Bauerngewand an, doch nicht nur in äußerlicher Nachahmung: er schränkt seine Bedürfnisse ein und sucht sie, ohne die Hilfe von Arbeitern und Dienern in Anspruch zu nehmen, selbst zu befriedigen. Er entsagt auch seiner Kunst, die ihm nutzlos und eitel erscheint; seine Feder soll nur noch der Verbreitung der Wahrheit gewidmet sein. Wenn der Geist des Künstlers in ihm noch wieder erwacht, so tritt seine Kunst ganz in den Dienst seiner neuen Ideen.

12. Tolstois Lehren.

Die erste Schrift, in der Tolstoi die Früchte seines Studiums der Evangelien, als der Quelle der reinen christlichen Lehre niederlegte, war „Worin besteht mein Glaube?", die 1884 — von der russischen Zensur, wie alle religiösen Werke Tolstois, verboten — im Ausland erschien.

In dieser Schrift will er, wie er sagt, keinen gelehrten Kommentar geben, sondern nur erzählen, wie er zum Glauben gelangte und wie er das verstand, was in der Lehre Christi einfach, klar und unzweifelhaft ist. Als er das verstand, vollzog sich eine Umwälzung in seiner Seele, die ihm Frieden und Glück gab. „Mir ging es wie einem Menschen, der in Geschäften ausgeht und unterwegs plötzlich einsieht, daß sein Geschäft gar nicht nötig ist, und daher nach Hause umkehrt. Alles, was zu seiner Rechten war, befindet sich dann links, und was links war, rechts. Anstatt sich von Hause zu entfernen, wünscht er, möglichst bald wieder dahin zurückzukehren.

Die Quintessenz der christlichen Lehre sieht Tolstoi in der Bergpredigt. Von seiner Kirche stößt ihn der Umstand ab, daß die Bergpredigt mit der Lehre Christi ihr nicht so wichtig erscheint, als ihre Dogmen, ihr Formelkram, ihre Fasten und ihre Feste. Den Kern der Lehre Christi findet er in den Worten Matth. 5, 39: „Ich aber sage euch, daß ihr nicht widerstreben sollt dem Übel." Doch diese Worte sind so gut wie vergessen. Niemand soll Gewalt gegen das Böse anwenden, auch die Obrigkeit nicht; man soll das Böse nicht mit Gewalt unterdrücken, sondern mit Gutem. In der Bergpredigt hat Jesus fünf neue Gebote ausgesprochen im Gegensatz zu dem alten mosaischen Gesetz. Tolstoi gibt sie in folgender Fassung wieder: Haltet Frieden mit jedermann und haltet niemanden für gering oder unsinnig; sehet die körperliche Schönheit nicht als Werkzeug eurer Lüste an: jeder Mann habe nur ein Weib, jedes Weib nur einen Mann, und man verlasse einander nie unter irgend einem Vorwand; hütet euch vor dem Eide und bindet euch nie im Voraus durch Versprechen: hütet euch, zu rächen und zu strafen unter dem Verwand, daß ihr beleidigt seid: duldet alle Kränkungen und vergeltet nicht Böses mit Bösem: wisset, daß alle Menschen Brüder als Söhne eines Vaters sind, und brechet nicht den Frieden namens eurer Nationalität.

Wenn alle diese fünf Gebote erfüllen, dann wird das Reich Gottes auf Erden eintreten: allgemeiner, ewiger, unverletzlicher Frieden. Nun sagt man, die Erfüllung der Lehre Jesu sei schwer und mit Leiden verbunden. Möge jeder aber sich seiner eigenen Leiden erinnern: in welchem Namen hat er sie erduldet, im Namen Jesu oder im Namen der Welt? Man durchschreite die Straßen der Städte und sehe das Hasten und Jagen der bleichen, abgezehrten Gestalten, die hier um das tägliche Leben ringen, Haus und Hof, Eltern, Weib und Kinder haben sie verlassen um des Lebens willen. Und sie sind doch nicht zufrieden, weder der arme Teufel mit seinen hundert, noch der Reiche mit seinen hunderttausend Rubeln. Das sind die wahren Märtyrer. Alle Bedingungen zum Glück fehlen diesen Unglücklichen. Das Band zwischen ihnen und der Natur ist zerrissen: sie sehen nie die Sonne aufgehen, sehen Wald und Feld nur aus dem Wagen, sie haben nie gepflanzt und nie gesät, nie ein Tier aufgezogen. Sie sehen nur künstliche Beleuchtung, hören nur Straßenlärm und das Sausen der Maschinenräder, atmen nur Parfüms und Tabakrauch. Sie kennen nicht das

Glück der physischen Arbeit, die Hunger und Schlaf gibt, und kein Familienglück, denn wenn sie überhaupt Kinder haben, vertrauen sie sie der Obhut Fremder an. Sie haben nicht den freien Verkehr von Mensch zu Mensch: je höher jemand auf der sozialen Stufenleiter steht, desto weniger Menschen hat er, mit denen er umgehen kann, während der einfache Mann des Volks Millionen seinesgleichen hat von Archangel bis Astrachan, mit denen er in Verkehr treten kann „ohne Visite und Vorstellung". Sie kennen endlich nicht das Glück der Gesundheit und eines sanften Todes ohne Krankheit; sondern alle sind krank infolge des unvernünftigen Lebens und sterben frühzeitig und qualvoll, oft genug durch Selbstmord.

Diese Leiden erduldet man im Namen der Lehre der Welt, und doch folgen alle, wenn die Welt ruft, und einer nach dem andern, immer neue Opfer stürzen sich unter den Wagen dieses Götzenbildes, der ihre Existenzen zermalmt. Und wenn Jesus ruft, will niemand folgen?

Die Jünger der Welt kommen nicht zum Leben aus immerwährender Sorge um das Leben. Christus aber lehrt, man solle nicht für das Leben sorgen. Aber wird man dann nicht arm sein? Ja, so fragt Tolstoi, was heißt denn arm sein? Arm sein heißt nicht in der Stadt leben, sondern auf dem Lande, nicht im Zimmer eingeschlossen sein, sondern in Wald und Feld arbeiten, sich der Sonne, des Himmels und der Erde freuen. Arm sein heißt dreimal täglich Hunger haben und ruhigen Schlaf, anstatt sich schlaflos auf den Kissen zu wälzen; heißt Kinder haben, ohne sich von ihnen zu trennen, mit jedermann frei verkehren dürfen; heißt vor allem niemals das tun, was uns widerstrebt, und nicht fürchten, was uns erwartet. Doch wer wird den Armen nähren? Der Herr hat es gesagt: „Der Arbeiter ist seiner Speise wert," wer arbeitet, wird seine Nahrung haben, und der Mensch ist nicht dazu auf der Welt, daß man für ihn arbeite, sondern daß er für andere arbeite. So wird man nach Jesu Lehre glücklicher leben, als wenn man der Lehre der Welt folgt. Möge jeder, was er auch für Überzeugungen habe und was er glaube, die fünf Gebote Jesu erfüllen, und das Heil wird nicht ausbleiben.

Auf diese einleitende Schrift folgten zwei theologische Werke: „Kritik der dogmatischen Theologie" (zu Anfang der achtziger Jahre geschrieben, doch erst 1891 in Genf gedruckt) und „Vereinigung und Übersetzung der vier Evangelien" (erst 10 Jahre nach der Vollendung in Genf 1892 erschienen). In der ersteren unterwirft Tolstoi die Lehren und Dogmen der griechisch-katholischen Kirche einer scharfen Kritik und zeigt, wie sehr sich die Lehre dieser Kirche von der wahren Lehre Christi entfernt. Im Vorwort der zweiten Schrift erzählt er, ähnlich wie in der Beichte, wie er dazu geführt wurde, die Kirche zu verlassen und die wahre christliche Lehre in den Evangelien zu suchen. Er bietet hier eine Übersetzung der vier Evangelien, die er in eines zusammengezogen hat. Er führt die besten ausländischen und russischen Kommentare an und setzt sich mit ihnen auseinander. Auf den griechischen Text folgt die alte Übersetzung, daneben seine eigene, indem er die Abweichungen begründet. Den Schluß eines jeden Kapitels bildet eine Zusammenfassung und eingehende Erläuterung seines Inhalts. Aus diesem großen Werk hat er selbst später einen Auszug gemacht: „Kurze Auslegung des Evangeliums", der 1890 in Genf erschien und seither eine große Verbreitung gefunden hat. Er enthält den Kern des großen Werks ohne die Kommentare und ohne die Rechtfertigung der Übersetzung. Tolstoi legt hier die Lehre Christi, wie er sie versteht, in zwölf Hauptstücken dar; nach jeder Darlegung folgen die Stellen aus den vier Evangelien, auf die sie sich stützt. Die Hauptstücke tragen als Überschriften die Worte des Gebets des Herrn, in dem Tolstoi den Ausdruck der Lehre Christi in ihrer kürzesten Form sieht. Aus den vier Evangelien hat Tolstoi nur das gegeben, was ihm verständlich schien. So hat er im allgemeinen die Wunder fortgelassen, bis auf ganz wenige, in der Überzeugung: „Christi Wunder sind wie Kerzen, die man zum Licht bringt, um es zu erleuchten." Aufgenommen ist z. B. die Heilung des Kranken am Teiche Bethesda (Joh. 5, 5), die in Tolstois Worten lautet: „In Jerusalem war ein Bad, da lag ein Kranker, ohne etwas zu tun, und erwartete Heilung von einem Wunder. Jesus trat zu dem Schwachen und sprach zu ihm: ‚Erwarte keine Heilung von einem Wunder, sondern lebe selbst, soviel Kraft in dir ist, und täusche dich nicht im Sinn des Lebens.' Der Schwache gehorchte Jesus, stand auf und ging davon." Dies mag zugleich als Beispiel für Tolstois Art der Auslegung dienen, die manchmal etwas gewaltsam erscheint.

Im Jahre 1884 und 1885 schrieb Tolstoi sein Werk „Was sollen wir denn tun?" — wohl die bekannteste unter seinen lehrhaften Schriften. In Rußland sind nur wenige Kapitel daraus von der Zensur durchgelassen und in Tolstois Werke aufgenommen. Doch auch im Ausland ist diese Schrift noch nicht vollständig erschienen. In Genf ist der Anfang gedruckt unter dem Titel: „Wie ist mein Leben?" und das Ende unter dem Titel: „Was sollen wir denn tun?" Aus der Mitte sind nur Teile gedruckt unter dem Sondertitel: „Das Geld". Die Anregung zu dieser Schrift empfing Tolstoi durch seine Übersiedelung nach Moskau im Winter 1881. Nachdem er 18 Jahre lang mit nur ganz kurzen Unterbrechungen auf dem Lande gelebt hatte, überraschte und erschütterte ihn die entsetzliche Armut, die er in der Stadt wahrnahm, aufs äußerste. In grellen Farben schildert er alle Not und alles Elend, das er in Moskau auf den Straßen, in den Armenhäusern und in den Nachtasylen gesehen hat. Da gerade in Moskau eine Volkszählung stattfand, ließ er sich das Amt eines Zählers in einem der ärmsten Stadtviertel übertragen, um dabei Erhebungen über die Armut anzustellen und Mittel und Wege zu finden, die Not zu lindern. Er beschreibt nun in „Was sollen wir denn tun?", wie er an eine dieser elendesten und abscheulichsten Stätten kommt, wo sich die Armut verkriecht, in das Rshanowsche Asyl. Und hierbei begegnet ihm etwas Wunderbares. Er hat Geld mit, um zu helfen; doch so merkwürdig es ist, er kann die Geldsumme, die er bei sich trägt, nicht loswerden. Hören wir ihn selbst. „Einerseits sah ich in diesen Höhlen solche Menschen, denen ich nicht helfen konnte, weil sie arbeitsam und an Mühen und Entbehrungen gewöhnt waren und daher weit fester im Leben standen, als ich. Andererseits sah ich Unglückliche, denen ich nicht helfen konnte, weil sie genau ebensolche Menschen waren, wie ich. Die Mehrzahl der Unglücklichen war nur deshalb unglücklich, weil sie die Fähigkeit, Lust und Gewohnheit, ihr Brot zu verdienen, verloren hatten, d. h. ihr Unglück bestand darin, daß sie ebensolche Menschen waren wie ich." Wirkliche Not wurde im Asyl, heißt es weiter, von den Genossen im Unglück gelindert. So war diesen Armen mit Geld nicht zu helfen.

Um die Armut zum Aufhören zu bringen, muß man ihr den Boden entziehen, auf dem sie wächst. Dieser Boden ist aber unsere ganze heutige Gesellschaftsordnung. Wie entsteht die Armut? Die Reichen, führt Tolstoi aus, ziehen nach der Stadt, weil sie nur hier ihren Genüssen frönen können. Damit sie leben können, nehmen Händler dem Bauern das für sein Leben Notwendige fort und bringen es nach der Stadt. So wird der Bauer genötigt, um sich zu nähren, nach der Stadt zu ziehen und das Land, die wahre Quelle aller Nahrung, zu verlassen. Hier findet er teils keine Arbeit, teils verdirbt ihn das Beispiel der müßigen Reichen, und er verfällt in Armut. Der Reiche wiederum verliert alle Fühlung mit dem Armen, ja er benutzt seinen Reichtum dazu, um eine Scheidewand zwischen sich und ihn zu schieben: in Essen und Kleidung, Haus und Dienerschaft, in verfeinerter Bildung. Wenn der Reiche dem Armen etwas gibt, so ist es nur ein lächerlich kleiner Teil seines Geldes. Was ist denn überhaupt das Geld des Reichen? Man sagt, das Geld stelle die Arbeit dar. Ja, aber nur so lange es keinen Zwang und keine Gewalt gibt. So lange es möglich ist, einen andern für sich arbeiten zu lassen, ohne selbst zu arbeiten, bedeutet das Geld die Möglichkeit, sich fremder Arbeit zu bedienen, ohne Bestimmung der Person, die zur Arbeit gezwungen wird. So bedeutet das Geld für Tolstoi eine neue Form der Sklaverei, noch schlimmer als es die alte war, weil diese Sklaverei unpersönlich ist. Geld ist Recht auf fremde Arbeit. Wie kann man also den Armen mit Geld helfen, da Geld doch nur „eine Forderung an die Armen" darstellt?

Was sollen wir denn tun? Jesus und Johannes der Täufer haben es gelehrt: abgeben, was man übrig hat, und von den andern nichts Übriges nehmen. So soll man auch keine Arbeit von ihnen nehmen, möglichst wenig mieten und kaufen, entbehren lernen und das, was man braucht, sich selbst erarbeiten und verfertigen.

Die privilegierten Klassen haben kein Recht auf Müßiggang, trotzdem sie mit allen Mitteln, selbst wissenschaftlich, versuchen, ein solches zu erweisen. Man führt mit Vorliebe das Prinzip der Arbeitsteilung ins Feld. Wer sagt aber, so fragt Tolstoi, daß unsere Arbeitsteilung die richtige ist? Man beruft sich darauf, daß die Arbeitsteilung erst Kunst und Wissenschaft ermöglicht und zur Blüte gebracht habe. Aber ist denn unsere Kunst und Wissenschaft die wahre? Tolstoi antwortet ein entschiedenes Nein. Die wahre Wissenschaft ist für ihn nur die Wissenschaft, welche lehrt, worin das Heil und die Bestimmung des Menschen liege; diese aber nenne man jetzt verächtlich „Religion". Auch die Kunst war nur so lange die wahre, als sie eine Ausdrucksform dieser wahren Wissenschaft war. Jetzt aber glaube man, so spottet er, die Aufgabe der Wissenschaft sei, auszurechnen, wieviel Käfer es gibt, oder die Sonnenflecken zu beobachten, und man habe schon eine Wissenschaft, wenn man ein griechisches Wort nehme und ein *-logie* daran hänge; und die Kunst bestehe darin, Romane und Opern zu schreiben. Diese Wissenschaft und diese Kunst sei nicht nötig und auf diese dürfe man sich nicht berufen, um das Fortbestehen der beiden Kasten, der arbeitenden und der nicht arbeitenden, zu rechtfertigen.

Was sollen wir denn tun? fragt er zum letztenmal. Erstens, sich nicht selbst belügen; einsehen, daß man auf falschem Wege ist, und umkehren. Zweitens, dem Glauben entsagen, man sei ein höher geartetes Wesen; drittens, das ewige, unumstößliche Gesetz der Natur erfüllen, durch Arbeit seines ganzen Wesens, ohne sich irgend einer Arbeit zu schämen, mit der Natur ringen, um sein und seiner Mitmenschen Leben zu erhalten. Alle sollen physisch arbeiten lernen und alle werden sich wohl dabei befinden. Wenn jeder sich durch eigene Arbeit schafft, was er braucht und nicht mehr haben will, keinen andern zur Arbeit für sich zwingt, dann wird es auch keine Armut mehr geben.

Die Ideen, die Tolstoi hier ausführt, sind eng verwandt dem Traum Rousseaus von einem glückseligen Urzustand der Menschheit. „Ich halte die Kühnheit, zunächst in Gedanken dahin zu gehen, wohin mich Verstand und Gewissen führten," heißt es in der Schrift „Zunächst nur in Gedanken", und dabei wird es auch wohl bleiben müssen, praktisch wird sich dieser Weg nie gehen lassen, selbst nicht für das russische Volk, an das Tolstoi natürlich zuerst denkt, infolge seiner Anschauung, daß die Kulturentwickelung des Ostens eine andere sei als die des Westens, und stets anders verlaufen werde. Wer an den Fortschritt in der Entwicklung des Menschengeschlechts, wer an Kunst und Wissenschaft als wirkliche Werte glaubt, für den wird das Ideal nie ein

„Zurück" sein können, und er wird sich in gesunder Reaktion von dem düstern Bilde dieser Tolstoischen Welt abwenden. Der Unterschied von Armut und Reichtum ist eine ewige Begleiterscheinung des menschlichen Lebens und wird sich nie beseitigen lassen. „Reiche und Arme müssen unter einander sein," heißt es schon in den Sprüchen Salomos, von deren Weisheit, wie wir wissen, Tolstoi selbst so entzückt war.

In sanfterem und friedlichem Tone ist ein anderes Werk gehalten, das Tolstoi Ende der achtziger Jahre schrieb: „Über das Leben". Hier beschäftigt ihn wieder die Frage nach dem Sinn des Lebens, die er in ganz ähnlicher Wiese beantwortet, wie sich Pierre nach dem Umgang mit Platon Karatajew die Lösung offenbarte. Das Leben des Menschen ist Streben nach seinem Wohl. Dieses Wohl ist aber unmöglich bei der rein leiblichen, persönlichen Existenz, unmöglich wegen des Kampfes aller Wesen untereinander, die ihr persönliches Wohl suchen; wegen der Täuschung des Genusses, der nur zur Übersättigung und zu Leiden führt; endlich wegen des unvermeidlichen Todes. Erst wenn der Mensch das Streben nach dem eigenen Wohl durch das Streben nach dem Wohl der andern Wesen ersetzt, dann schwindet die Unmöglichkeit des Wohls, und das Wohl scheint dem Menschen erreichbar. Dann entsteht statt des allgemeinen Kampfes wechselseitiges Dienen der Wesen unter einander; die Gier nach dem Genuß schwindet; die quälende Sorge um das eigene Leben wird von dem Streben abgelöst, das Leben der andern zu erhalten; die Qual des eigenen Leidens weicht dem Mitleiden mit den andern, das eine fruchtbare und freudige Wirksamkeit hervorruft. Es schwindet endlich das Schreckbild des Todes: denn für den Menschen, der für die andern lebt, erscheint der Tod nicht als Vernichtung des Wohls und des Lebens, weil das Wohl und das Leben der andern nicht nur nicht durch den Tod des ihnen dienenden Menschen gemindert wird, sondern häufig noch durch das Opfer seines Lebens gemehrt und verstärkt wird. Der wahre Sinn des menschlichen Lebens ist somit aufopfernde Liebe zu den Mitmenschen.

In den Jahren 1891 und 1892 vollendete Tolstoi sein Hauptwerk unter den religiösen Schriften: „Das Reich Gottes in euch oder das Christentum nicht als mystische Lehre, sondern als neue Lebensauffassung." Es knüpft an sein erstes Werk: „Worin besteht mein Glaube?" an und baut die dort ausgesprochenen Lehren weiter aus. Er hatte seit dem Erscheinen jenes Werkes, wie er sagt, viel Zustimmung, aber auch viel Kritik erfahren: nun setzt er seine Lehren noch einmal ausführlich auseinander und begründet sie.

Die ersten Christen verstanden den Sinn der Lehre Jesu. Da traten aber Menschen auf, die sich anmaßten, allein den wahren Sinn der christlichen Lehre zu verstehen und diese allein richtig auszulegen. Es bildeten sich Parteien, die sich jede Unfehlbarkeit zuschrieb: so entstanden die Kirchen, die ihre Lehren immer weiter ausbauten, bis sie schließlich dahin kamen, zu behaupten, die Lehre Christi werde den Menschen nicht wie jede andere Wahrheit unmittelbar, sondern auf einem übernatürlichen Wege übermittelt. Das wahre Christentum besteht in der ewigen, immer vollkommener werdenden Erfüllung der Lehre Christi, in der ständigen

Bewegung nach dem Ideal hin; jeder Jünger Christi muß das Gefühl des Unzureichenden seines Verständnisses haben. Behaupten, man besäße schon das vollkommene Verständnis, heißt dem Geist der Lehre Christi entsagen. So ist die Kirche, die das behauptet, der wahren Lehre Christi feind. An dem Beispiel der russischen Kirche mit ihren Dogmen und Formeln zeigt Tolstoi in beredten Worten, wie sehr sich die Lehre der Kirche von der wahren christlichen Lehre entferne.

Man darf sich also nicht an das Christentum der Kirche halten, sondern soll nach dem wahren Christentum streben. Es gibt nach Tolstoi drei Lebensauffassungen: die individuelle oder tierische, die als Zweck des Lebens nur die Befriedigung des persönlichen Willens erkennt; die soziale oder heidnische, die den Zweck des Lebens in der Befriedigung des Willens einer Gesamtheit von Individuen sieht: des Stammes, der Familie, des Geschlechts, des Staates. Endlich die dritte, die universelle oder göttliche; sie erkennt, daß das Leben nicht in der Persönlichkeit, auch nicht in einer Gesamtheit von Individuen liegt, sondern in dem Quell des ewigen, unsterblichen Lebens, in Gott. Um Gottes Willen zu erfüllen, opfert sie ihr persönliches, ihr Familien- und soziales Wohl. Triebfeder der ersten ist der Genuß, der zweiten der Ruhm, der dritten die Liebe. Zwei dieser Lebensstufen hat die Menschheit schon durchlebt: nun soll sich der Übergang zur dritten vollziehen, die mit der Annahme der Lehre Christi beginnt. Man wende nicht ein, daß diese Lehre unerfüllbar sei. Christus weiß, daß er nicht Engel lehrt, sondern Menschen. Seine fünf Gebote geben das Ideal an, nach dem jeder streben soll, auf welcher Stufe der Unvollkommenheit er sich auch befinde; schon dieses Streben wird das Wohl der Menschheit vermehren. Christus zeigt das Ideal, das hohe, ewige; er gibt aber auch die unterste Stufe an, unter die man nicht gehen darf. So ist z. B. in dem vierten Gebot das Ideal: Niemals Gewalt gebrauchen zu irgendeinem Zweck; die unterste Stufe ist: Nicht Böses mit Bösem vergelten, Kränkungen dulden, den Mantel hingeben.

Es wird die Zeit kommen, sagt Tolstoi, in der uns die christlichen Grundlagen des Lebens: Gleichheit und Brüderlichkeit aller Menschen, Gemeinsamkeit der Habe, Nichtwiderstand gegen das Böse, so natürlich und einfach erscheinen werden, wie jetzt die Grundlagen unseres sozialen und staatlichen Lebens, die sich doch auch erst aus der individuellen Lebensauffassung entwickelt haben. Jetzt leidet die Menschheit unter dem Widerstreit von Leben und Gewissen. Es gibt Herren und Knechte, obwohl das Gewissen die Gleichheit aller Menschen verlangt; die Menschen folgen Gesetzen, die sie nicht als heilig ansehen, sondern als unvollkommen; die Menschen führen die entsetzlichen Kriege, obwohl das Gewissen mahnt, daß man nicht töten soll. Um diesen inneren Zwiespalt von Leben und Gewissen nicht zu fühlen, betäuben sie sich mit allen Mitteln: Theater, Vergnügungen, Reisen, und Giften, wie Alkohol, Tabak, Opium. Aus diesem Zwiespalt kann aber nur die Annahme der christlichen Lebensauffassung befreien. Jedem sagt sein Gewissen, was er zu tun habe; möge er dieser Stimme folgen. Die Menschheit gleicht jetzt schwärmenden Bienen, die sich an einem Baum festgesetzt haben. Sie kommen erst los, wenn einzelne Bienen die Flügel regen und der ganze Schwarm ihnen folgt. So wird es auch mit der Menschheit sein; einzelne gehen voran, und die Macht ihres Beispiels wird auf die andern wirken.

Alles Böse auf Erden stammt aus der Gewalt. Doch es vollzieht sich, nach Tolstois Auffassung, gewissermaßen eine Selbstauflösung der Gewalt. Die Einzelnen streben nach der Gewalt. Sind sie aber in ihren Besitz gelangt, so folgt die Enttäuschung. Sie sehen, daß die Gewalt kein Glück gibt; so werden sie weich, entäußern sich ihrer und machen anderen Platz, an denen sich wieder diese Verchristlichung vollzieht. Und immer schneller und unaufhaltsamer wird dieser Prozeß vor sich gehen; nicht wie wenn Sandkorn auf Sandkorn im Stundenglase rinnt, sondern wie wenn ein Gefäß ins Wasser getaucht wird: zuerst fließen einzelne Tropfen hinein, dann aber ergießt sich das Wasser in großem Schwall hinein, so daß das Gefäß ganz gefüllt wird. So wird das Reich Gottes kommen, in dem alle Menschen ohne Unterschied der Nationalität wie Brüder leben werden, wo es keine Ungleichheit im Besitz, keine Gewalt, keinen Krieg geben wird.

Ein schönes Zukunftsbild entrollt hier Tolstoi in begeisterungsvollen Worten. Doch wird es sich je erfüllen? Die Weltgeschichte geht ihren eigenen, unerbittlichen Gang. Mehr als je kehrt die heutige Menschheit das Nationalitätsbewußtsein hervor, und trotz des Friedensmanifestes des Zaren, auf das die Ideen Tolstois wohl nicht ohne Einfluß gewesen sind, trotz der Friedenskonferenz in Den Haag ist in Afrika und in Asien die Kriegsfackel aufgelodert, und der ewige Friede scheint wieder in die weiteste Ferne entrückt.

Fassen wir zum Schluß kurz die Hauptzüge von Tolstois Lehren zusammen, die er außer in den hier betrachteten Hauptwerken noch in einer verschwenderischen Fülle von kleineren Schriften und in Briefen in zum Teil neuer Form, doch in unverändertem Wesen niedergelegt hat.

Tolstoi empfindet tief und schmerzlich die schroffen sozialen Gegensätze, die sich nicht leicht wo anders so grell und schneidend aufdrängen, wie in den russischen Städten: Reichtum auf der einen Seite und unsagbare Armut, Not und Elend auf der andern. Er liebt das einfache russische Volk, den „Mushik", den er in langjährigem vertrauten Zusammenleben kennen gelernt hat, von ganzer Seele, doch so, daß er ihn idealisiert. Er sieht nur seine guten Seiten: die Arbeitsamkeit und Genügsamkeit, die tiefe Religiosität und demütige Unterwerfung unter den göttlichen Willen. Schon in seinen Erzählungen hält er das einfache Volk ständig der verfeinerten, nach seiner Auffassung verbildeten Gesellschaft als Vorbild vor. Nun lehrt er Rückkehr zum Leben des arbeitenden Volkes, zum Ackerbau, zum Landleben an Stelle des Stadtlebens, zur physischen Arbeit, daß jeder sich das zum Leben Nötige selbst erwerbe und bereite, ohne träge andere für sich arbeiten zu lassen, als Heilmittel gegen die soziale Not: so wird der Gegensatz von Herr und Knecht, von arm und reich aufhören.

Gleichheit und Brüderlichkeit aller Menschen fordert aber auch die christliche Lehre, in deren Befolgung Tolstoi das alleinige Heil für die Menschheit sieht. Im Gegensatz zu der griechisch-katholischen Kirche, für die der Ritualismus das Wesentliche geworden ist und die, um mit Harnacks Worten zu reden, aus einem Gottesdienst im Geist und in der Wahrheit einen Gottesdienst der Zeichen, Formeln und Idole gemacht hat, geht Tolstoi auf die Quelle der christlichen Lehre, das Evangelium, zurück und sucht das wahre Christentum als persönliche Überzeugung und Richtschnur des Handelns wiederherzustellen. Niemand wird leugnen, daß seine Auffassung des Christentums edel und erhaben und in vielen Zügen nachahmenswert ist. Doch andererseits muß man auch sagen, daß er in manchen Punkten zu weit geht. Der Kern der christlichen Lehre liegt für ihn in dem Gebot des Nichtwiderstrebens. Aber darf man diesem Gebot wirklich die weite Ausdehnung geben, die Tolstoi annimmt? Mir scheint doch Ad. Harnack recht zu haben, wenn er in seinem „Wesen des Christentums" sagt: „Soll man auch dem Feinde gegenüber in allen Fällen auf die Verfolgung seines Rechts verzichten, soll man ausschließlich die Waffe der Sanftmut brauchen? Soll, um mit Tolstoi zu reden, die Obrigkeit nicht strafen (und damit überhaupt verschwinden), sollen die Völker nicht für Haus und Hof eintreten, wenn sie freventlich angegriffen werden? Ich wage zu behaupten, daß Jesus bei jenen Worten an solche Fälle gar nicht gedacht hat, und daß die Ausdeutung in dieser Richtung ein plumpes und gefährliches Mißverständnis bedeutet: Jesus hat immer nur den Einzelnen im Auge und die stetige Gesinnung des Herzens in der Liebe." Als vornehmstes und größtes Gebot hat Christus selbst doch das Gebot der Nächstenliebe bezeichnet. Wenn Tolstoi das Gebot: „Ihr sollt nicht widerstreben dem Bösen" bis an seine äußersten Grenzen ausgedehnt wissen will, so gerät er unvermerkt in die Gefahr, ein Reich Gottes zu lehren, von dem es nicht mehr heißen kann: „Seht, das Reich Gottes ist inwendig in euch."

13. Die dichterischen Werke der letzten Jahre.

Mit Befremdung und Schmerz sahen die Freunde Tolstoi den Weg der Kunst verlassen. Besonders betrübt war Turgenew, mit dem sich Tolstoi unter dem Einfluß seiner religiösen Stimmung wieder versöhnt hatte. Rührend ist es, wie er noch auf dem Totenbett wenige Wochen vor seinem Ende (1888) den Freund beschwört, zum künstlerischen Schaffen zurückzukehren. „Lange habe ich Ihnen nicht mehr geschrieben," schreibt er mit zitternder Hand, „denn ich lag und liege, um die Wahrheit zu sagen, auf dem Totenbett. Genesen kann ich nicht, daran ist gar nicht zu denken. Ich schreibe Ihnen eigens, um Ihnen zu sagen, wie froh ich bin, Ihr Zeitgenosse gewesen zu sein, und um eine letzte, aufrichtige Bitte an Sie zu richten. Mein Freund, kehren Sie zur künstlerischen Tätigkeit zurück. Auch diese Gabe kommt von daher, woher alles andere stammt. Ach, wie glücklich wäre ich, wenn ich denken dürfte, daß meine Bitte auf Sie wirkte!! ... Mein Freund, großer Schriftsteller Rußlands, erhören Sie meine Bitte! — Lassen Sie es mich wissen, wenn Sie diese Zeilen erhalten, und lassen Sie mich noch einmal herzlich, herzlich umarmen Sie, Ihre Frau und alle Ihrigen ... Ich kann nicht mehr ... Ich bin müde."

Turgenew starb, ohne die Erfüllung seiner Bitte zu erleben. Doch sie ging in Erfüllung: Tolstoi kehrte noch einmal zur Kunst zurück. Doch seine Kunst ist, wie schon erwähnt, nunmehr eine andere als früher; sie steht fortan mehr oder minder im Bann und im Dienst seiner neu erworbenen Lebensauffassung.

Deutlich tritt das in den zu Anfang der achtziger Jahre verfaßten Volkserzählungen zu Tage. In einer köstlichen, unmittelbar dem Volksmunde abgelauschten Sprache sind diese einfachen, oft auf volkstümlichen Stoffen beruhenden Erzählungen geschrieben, in denen Tolstoi in poetischer Form dem Volk seine neuen Ideen näher bringt. Da erkennt der Engel in „Wodurch die Menschen leben?", daß die Menschen nicht durch die Sorge für den Tag, sondern durch die Liebe leben; der Schuster Awdeitsch, der Streit schlichtet, die Armen speist, kleidet und lehrt, erkennt, daß wirklich der Herr bei ihm zu Gast gewesen; der Pate, daß man das Böse nicht mit Bösem austreibt, sondern mit Gutem. Der nach Besitz gierige Pachom, der von den Baschkiren Land erwerben will, soviel er an einem Tage umlaufen kann, verliert durch seine Gier das Leben. So lehrt sein Beispiel, daß der Mensch nicht nach irdischem Besitz jagen und dabei sein Leben verzehren soll, denn er braucht an Land schließlich doch nur so viel, als er von Kopf bis zu Fuß mißt, — drei Ellen —, für das Grab. In seinem Reich führt „Iwan der Narr" Tolstois Ordnung ein: alle dürfen essen, die arbeiten. „Wer Schwielen an den Händen hat, der gehe an den Tisch; wer nicht, der kriegt die Reste." Eine der schönsten Erzählungen endlich, „Die drei Greise", lehrt, daß es nicht auf die Worte ankommt, wenn der Mensch betet, sofern er es nur in Frömmigkeit und Innigkeit tut.

Im Jahre 1886 erschien „Der Tod Iwan Iljitschs".

„Die Lebensgeschichte Iwan Iljitschs war die allereinfachste und gewöhnlichste und dabei die entsetzlichste." Iwan Iljitsch hat eben gelebt, wie alle leben im Reich des *comme il faut*. Er hat immer streng das getan, was die hochgestellten Personen taten und für standesgemäß hielten. Er ist in den Staatsdienst getreten, hat geheiratet und hat zwei Kinder; er hat für ihre Erziehung gesorgt und auch für seine Beförderung; vor allem aber dafür, daß es in seinem Hause stets so zuging, wie die Welt es fordert. An anderes hat er nie gedacht. Doch mitten unter den behaglichsten Lebensumständen erkrankt er und fühlt allmählich, daß er sterben müsse. Mit der Meisterschaft, die nur ihm gegeben, schildert Tolstoi die Gefühle, Gedanken und Seelenqualen Iwan Iljitschs von dem Augenblick an, wo er fühlt, daß in seinem Körper etwas nicht in Ordnung ist, bis zu der Zeit, da er ununterbrochen stöhnt und schreit, daß es in allen Zimmern zu hören ist. Fast noch mehr als unter den körperlichen Schmerzen leidet Iwan Iljitsch gegen das Ende unter der Lüge seiner Umgebung, seiner Frau, seiner Tochter, des Arztes. Er spürt nur Linderung, wenn der einfache Bursche aus dem Volk, Geratzim, um ihn ist, mit seinem treuherzigen Gesicht und seiner Aufrichtigkeit: „Wir alle müssen sterben, Herr." In den Nächten vor seinem Tode zieht an Iwan Iljitsch sein ganzes Leben vorüber. Zum erstenmal kommt ihm der Zweifel: war es auch richtig so? Erst als er erkennt, daß es nicht richtig war, und das Verlangen faßt, das Rechte zu tun, da wird ihm das Sterben leicht. Er sucht die frühere Todesfurcht, doch er findet sie nicht, weil es für ihn keinen Tod mehr gibt. „An Stelle des Todes war Licht."

Ein Jahr später entstand „Wandelt im Licht, dieweil ihr das Licht habt", eine Erzählung aus der Zeit der ersten Christen unter Trajan. Sie schildert das sehr verschiedene Leben zweier Freunde. Pamphilius wird Christ und findet in der Gemeinde, die noch ganz nach Christi Lehren lebt, das wahre Glück. Julius lebt das Leben der Welt und erlebt Enttäuschung auf Enttäuschung, im öffentlichen Wirken, im Familienleben, an seinem Sohn. Vom Leben gebeugt, kommt er auf den Gedanken, bei seinem Freunde Pamphilius den Frieden zu suchen. Er wird Christ und findet ihn. „Und Julius ward ruhig und begann zu leben und zu arbeiten mit allen Kräften für seine Brüder. Und lebte in Freuden noch zwanzig Jahre und sah nicht, wie er den fleischlichen Tod starb."

Während diese Erzählung an dem großen Publikum so gut wie unbemerkt vorüberging, erregte die folgende, die „Kreutzersonate", die Geister in ungewöhnlichem Grade. Sie wurde in alle Sprachen übersetzt und wieder übersetzt und rief eine ganze Flut von Kritiken, Seitenstücken und Gegenstücken hervor. In einem Nachwort erklärt Tolstoi, was er mit seiner Erzählung beweisen wollte. Gestützt auf die Verse Matth, 5, 28 und 19, 11-12 lehrt Tolstoi, das Ideal des Christen, wonach er zu streben habe, sei die Nichtehe. Wenn auch dabei das Menschengeschlecht zu existieren aufhöre, das Ideal müsse doch die Richtschnur sein. „Ein Ideal ist nur dann ein Ideal, wenn es unerreichbar ist, und wenn die Möglichkeit, sich ihm zu nähern, unendlich ist." Man erinnert sich der gleichen Ausführungen über das Ideal im „Reich Gottes" und der Gegenüberstellung von Ideal und der untersten Stufe. Im Nachwort führt nun Tolstoi auch die unterste Stufe des Ideals der Nichtehe an, die jeder Christ schon jetzt befolgen kann. Diese unterste Stufe fordert: Keuschheit, auch der Männer, vor der Ehe; Unverletzlichkeit der Ehe; man soll als Rechtfertigung und den Zweck der Ehe die Kinder ansehen und die Kinder auch richtig und sorgfältig erziehen; die Frau soll nicht um jeden Preis einen Mann an sich zu ziehen trachten, indem sie seine Sinnlichkeit zu erregen sucht.

Als Illustration dieser Lehren soll die Erzählung dienen. Posdnyschew erzählt im Eisenbahnwagen einem Mitreisenden die traurige Geschichte seiner Ehe. Er hat sein Leben genossen, bis ihn ein junges Mädchen durch ihre Reize ins Garn lockt. Die Ehe wird unglücklich. Die Eltern kümmern sich nicht um die Erziehung der vorhandenen Kinder, und die Ehe verliert auch den von Tolstoi geforderten Zweck. Da kommt ein Musiker ins Haus, ein schöner Mann, der die Frau Posdnyschews durch sein Geigenspiel und Liebeswerben betört. Wie die Leiden Iwan Iljitschs, schildert Tolstoi packend das Wachsen der Eifersucht in Posdnyschews Seele, vom ersten Argwohn bis zum halben Wahnsinn. Als Posdnyschew, absichtlich früher von einer Reise zurückkehrend, seine Frau mit dem Musiker überrascht, sticht er ihr in wahnsinniger Wut ein Messer ins Herz. Er büßt seine Strafe ab und erzählt nun schluchzend dem Mitreisenden von seiner Reue. „Wenn ich gewußt hätte, was ich jetzt weiß, so wäre es ganz anders gekommen. Ich hätte sie nicht geheiratet ... Ja, man muß es verstehen, daß die Worte des Evangeliums Matth, 5, 28: ‚Wer ein Weib ansieht, ihrer zu begehren' sich nicht allein auf die fremde Frau beziehen, sondern vor allem auf die eigene Frau."

Man ist verblüfft, diesen Schluß aus Posdnyschews Munde zu hören. Wie kann er denn gleich das Ideal erreichen wollen, nachdem er nicht einmal die unterste Stufe befolgt hat! Hätte seine Ehe nur die Mindestforderungen erfüllt, die Tolstoi im Nachwort aufstellt, so hätte sie gewiß sehr glücklich sein können. Mag Tolstoi immerhin als das Ideal des Christen die Nichtehe aufstellen; seine Erzählung beweist nichts gegen die Ehe. Posdnyschews Ehe nimmt ihren unglücklichen Ausgang nicht, weil die Ehe an sich verwerflich ist, sondern weil er und seine Frau unmoralische Menschen sind und ihre Ehe keine rechte Ehe gewesen ist.

Aus den Jahren 1886 und 1887 stammen die beiden Dramen Tolstois „Die Macht der Finsternis" und „Die Früchte der Bildung". Schon lange hatte Tolstoi der Plan zu einem Drama vorgeschwebt; schon 1870 schrieb er an Fet: „Ich möchte gern mit Ihnen über Shakespeare, über Goethe und über das Drama überhaupt reden ... Ich liege meistenteils krank zu Bett, und die Personen des Dramas und der Komödie beginnen zu handeln. Und sie führen sehr gut auf." Doch dauerte es volle sechzehn Jahre, bis er diesen Plan verwirklichte. Auch 1886 lag er mehrere Wochen zu Bett wegen einer Verletzung am Fuß, und während dieser Zeit der unfreiwilligen Muße entstand in wenigen Wochen „Die Macht der Finsternis", zu der ihm eine Gerichtsverhandlung in Tula den Stoff gab; das Stück spielt auf dem Dorfe, mitten unter Bauern. „Ist erst eine Klaue im Netz, so ist der ganze Vogel verloren" heißt der Untertitel nach den Worten, die der alte redliche Akim seinem Sohne Nikita zuruft; das Stück selbst ist ein erschütternder Beleg für die Wahrheit dieses

Sprichworts. In eine ganze Kette von Schuld verstrickt sich Nikita. Er hat die Waise Marina verführt und verlassen; im Meineid schwört er es vor dem Vater ab. Er hintergeht seinen Brotherrn, den kranken, reichen Bauern Pjotr, mit dessen Frau Anißja und hilft ihr dazu, den Mann mit Gift aus dem Wege zu räumen. Als er dann Herr von Haus und Hof und Anißjas Mann geworden ist, fängt er ein liederliches Leben an, vernachlässigt seine Frau und lebt mit seiner Stieftochter Atulina. Als die Brautwerber kommen, sie in ein anderes Dorf zu freien, gebiert Akulina in der Scheune. Bei Nacht erdrückt Nikita das Neugeborene im Keller unter einem Brett und verscharrt es. Bei allen Freveltaten leisten ihm Anißja und seine Mutter Matrjona, wahre Megären, Beistand. In ihnen erkennt man so recht die Macht der Finsternis; wie entsetzlich ist es, wenn sie das Neugeborene noch mit dem Kreuz segnen, ehe es ermordet wird, damit seine Seele nicht verdammt sei! Wahrlich, der alte Knecht Mitritsch hat recht, wenn er seine Klage über die Frauen des Volkes anstimmt: „Millionen gibt es von euch Weibern und Mädchen, und alle seid ihr wie die Tiere des Waldes. Das wächst auf und stirbt und hat nichts gesehen und nichts gehört ... Sie wissen nichts von Gott, nichts vom Heiligen Freitag ... Wie blinde Hunde kriechen sie dahin!" Doch nach der letzten Untat regt sich in Nikita das Gewissen. Von der frohen Gesellschaft zu Atulinas Hochzeit schleicht er sich fort in die Scheune; so stark spricht das Gewissen in ihm, daß er es nicht mehr mit Branntwein betäuben kann, und er sucht nach dem Strick. Seine Frau und seine Mutter kommen, ihn zu holen, da der Hochzeitszug sich zur Kirche rüstet. Da faßt er vor der ganzen Hochzeitsgesellschaft den alten Vater bei der Hand, wirft sich auf die Knie nieder und bekennt seine Sünden vor dem Vater, vor Marina, vor Atulina und der Gemeinde. „Sprich, mein Kind, sage alles, und dir wird leichter werden. Tu Buße vor Gott, fürchte nicht die Menschen!" so spornt ihn der alte Akim an. Die Gendarmen binden ihn, und willig folgt er ihnen, nachdem er seine Seele erleichtert. So fällt noch zum Schluß ein Lichtstrahl von oben in das Reich der Finsternis und versöhnt mit dieser Welt, die fast zu viel des Schrecklichen bietet. Wie es leibt und lebt, tritt in diesem Stück das russische Volk auf die Bühne; vor allem ist seine ganze Sprechweise getreu dem Leben abgelauscht.

„Die Früchte der Bildung" sind ein Jahr später, 1887, geschrieben. In diesem vierthaktigen Lustspiel ist der Gegensatz von Volk und Gebildeten ins Komische gewandt. Bauern kommen zu ihrem in der Stadt lebenden Gutsherrn, um ein Stück Land zu kaufen, und können sich nicht genug über alles das wundern, was sie in seinem Hause sehen und hören. Der Hausherr ist mit spiritistischen Problemen, mit Séancen und Tischrücken beschäftigt; seine Frau entdeckt, daß die Bauern aus einem Dorf kommen, in dem die Diphtherie herrscht, und läßt die Stellen desinfizieren, an denen die Bauern gestanden haben, und diese sind erstaunt, daß man an ihnen Mikroben, „Käferchen", entdeckt, die sie doch gar nicht sehen können. Die Tochter des Paares verbringt den Tag mit Klavierspielen; der Sohn ist Mitglied der verschiedensten Vereine, vor allem widmet er seine kostbare Zeit dem „Verein zur Förderung der Aufzucht langhaariger russischer Windhunde". Anfänglich weigert sich der

Herr, die Kaufurkunde zu unterschreiben. Doch infolge eines von dem Dienstmädchen Tanja munter und schlau ausgeführten Betruges tut er es schließlich auf Befehl der Geister in einer spiritistischen Sitzung. Vergnügt ziehen die Bauern ab und werden gewiß noch viel im Dorf zu erzählen haben von dem, was sie in der großen Welt gesehen und was sie in der Küche gehört haben: von der Gnädigen, die sich alle Tage schnüren läßt, nicht weil sie „ein Gelübde getan" hat, sondern um der „Form" willen, und von dem Hündchen, das ein Mäntelchen auf der Straße trägt und ein besonders gebratenes Kotelett bekommt.

Das lustige Stück wird noch heute gern auf russischen Bühnen gegeben und erringt noch immer große Heiterkeitserfolge. Doch tritt die Tendenz etwas zu aufdringlich hervor, und die Typen der Gebildeten sind zu sehr karikiert, als daß man einen reinen künstlerischen Genuß davon haben konnte.

Im Jahre 1895 verfaßte Tolstoi die schlichte Erzählung „Herr und Knecht" nach langer Pause in seinem Kunstschaffen. Der reiche Kaufmann Brechunow fährt an einem Dezembertage zu Schlitten aus, einen Wald zu kaufen, allein mit seinem Knecht Nikita als Kutscher. In der Nacht irren sie vom Wege ab und werden von einem Schneesturm überrascht; sie können nicht vorwärts und nicht zurück und sind rettungslos dem Tode des Erfrierens verfallen. Da zieht angesichts des Todes ein nie gekanntes Gefühl des Erbarmens und der Liebe in Brechunows Herz. Er knüpft den Pelz auf, legt sich in den Schlitten über seinen Knecht Nikita und wärmt ihn mit seinem Pelz und seinem Körper, Während der unaufhaltsam stäubende Schnee die beiden wie in ein Leichentuch hüllt, zieht an Brechunow sein früheres Leben, wie aus der Entfernung, vorüber. „Er konnte nur schwer begreifen, warum dieser Mensch, den man Wassilij Brechunow nannte, sich mit alledem abgab. ‚Nun, er wußte eben nicht, was Not tut ... Wußte nicht, was ich jetzt weiß. Jetzt weiß ich es ohne Irrtum, nun weiß ich es.' Und wieder hört er den Ruf dessen, der ihn schon einmal gerufen. ‚Ich komme, ich komme!' antwortet voller Freude und Rührung sein ganzes Wesen. Und er fühlt, daß er frei ist und daß ihn nichts mehr hält." So stirbt der Herr für seinen Knecht, der am andern Morgen halberfroren gerettet wird. Diese Erzählung berührt sich nahe mit dem „Tod Iwan Iljitschs". Auch hier wird einem Menschen das Sterben leicht, nachdem er erkannt hat, daß sein früheres Leben nicht das richtige war, und er sich bemüht, das Richtige zu tun.

Im Jahre 1899 endlich wurde die Welt durch das Erscheinen der „Auferstehung" überrascht, eines neuen großen Romans von Tolstoi, den er schon lange erdacht hatte, aber erst so spät nach mannigfachen Veränderungen vollendete.

Tolstoi läßt in der „Auferstehung" wieder den Lieblingshelden seiner Jugend, den Fürsten Dmitrij Nechljudow, auftreten. Der junge Nechljudow lernt bei seinen Tanten die reizende Katjuscha kennen, die Tochter einer Magd, der sich die Tanten angenommen haben und die bei ihnen im Hause halb als Dienerin, halb als Gesellschafterin lebt, und faßt eine reine, unschuldsvolle Liebe zu ihr. Doch als er das zweite Mal, als Offizier, zu den Tanten kommt, da hat die große Welt an ihm schon ihr böses Werk vollbracht und seine Seele verdorben. Er verführt Katjuscha und zieht am nächsten Tage in den Krieg und vergißt sie ganz. Katjuscha wird Mutter, muß das Haus der Tanten verlassen und sinkt von Stufe zu Stufe, bis sie in ein öffentliches Haus gerät. Hier kommt sie in den Verdacht, einen reichen Kaufmann vergiftet zu haben. Als Geschworener sieht sie Nechljudow nach all den Jahren auf der Anklagebank wieder. Obwohl sie schuldlos ist, wird sie durch ein formales Versehen der Geschworenen zu vierjähriger Zwangsarbeit in Sibirien verurteilt. Nun geht eine Umwälzung in Nechljudows Seele vor: er erkennt und bereut seine Schuld vor ihr und will sie um jeden Preis sühnen dadurch, daß er ihr seine Hand anbietet und ihr sogar nach Sibirien folgen will. Er besucht sie im Gefängnis und sucht ihre Lage zu erleichtern. Er spricht ihr von seiner Absicht, doch sie stößt ihn schroff zurück. Mit Schrecken erkennt er, wie tief sie gesunken ist. Erst allmählich gelingt es ihm, den Funken des Guten wieder in ihrer Seele zu entfachen. Er wird ein guter Engel und Beschützer vieler der Gefangenen; bei seinen Besuchen lernt er alle Schrecken der russischen Gefängnisse kennen. Zugleich setzt er alle Hebel in Bewegung, um die Aufhebung des Urteils zu erreichen; durch die Salons und die Amtszimmer der Petersburger hohen Beamten und einflußreichen Persönlichkeiten macht er seine trübe Pilgerfahrt. Doch es ist vergeblich, der Senat bestätigt das Urteil, und Nechljudow macht sich reisefertig nach Sibirien. Er teilt seine Güter unter seinen Bauern auf und behält nur einen geringen Teil seiner Einkünfte. Im Arrestantenzug fährt er im Abteil dritter Klasse mit einfachen Bauern zusammen, und eine neue Welt tut sich ihm auf. „Ja, eine ganz neue, andere Welt," dachte Nechljudow, indem er auf diese festen, muskulösen Glieder blickte, auf die groben, hausgemachten Röcke und die verbrannten, freundlichen, abgemühten Gesichter, und indem er sich rings umgeben fühlte von den ernsten Interessen, Freuden und Leiden des wahren, arbeitsamen menschlichen Lebens. „Da ist sie, *le vrai grand monde*," dachte Nechljudow und dachte dabei an eine vom Fürsten Kortschagin gesagte Phrase und an jene ganze müßige, üppige Welt der Kortschagins mit ihren eitlen, traurigen Interessen. Und er empfand das Freudengefühl eines Reisenden, der eine neue, unbekannte Welt entdeckt hat." Von Etappe zu Etappe folgt er dem Arrestantenzug, bis er endlich in der Gouvernementsstadt die Begnadigungsurkunde des Zaren für Katjuscha erhält. In Katjuscha hat sich während der Reise der politische Gefangene Simonson, ein ungewöhnlicher, bedeutender Mensch, verliebt und will sie in Sibirien heiraten. Beide teilen Nechljudow diese Absicht mit, denn auch Katjuscha ist einverstanden, weil sie sich sagt, daß Nechljudow ihr die Heirat nur aus Großmut anbiete, Simonson sie aber so liebe, wie sie jetzt ist. Nechljudow überbringt ihr die Botschaft von der Begnadigung und nimmt Abschied von ihr; da fühlt er, daß sie in Wirklichkeit doch ihn liebt und nur ein Opfer bringt, weil sie sein Leben nicht an das ihre ketten zu dürfen glaubt. „Was sollen wir abrechnen? Unsere Rechnung führt Gott," sagt sie zu ihm beim Scheiden. Nechljudow kehrt in sein Gasthaus zurück. Er fühlt eine Müdigkeit und Öde in sich. Seine Sache mit Katjuscha ist erledigt. Doch ihn quälen die Gedanken an all das entsetzliche Elend und das Böse, das er in den Gefängnissen und auf dem Zuge nach Sibirien gesehen. Da schlagt er das Evangelium auf, das ihm ein die Gefängnisse besichtigender Engländer zum Andenken geschenkt hat, und er liest, daß man dem Bruder vergeben und ihn nicht richten solle. Dieser Gedanke erleuchtet das Dunkel in seiner Seele; er liest weiter und schlägt die Bergpredigt auf. Da enthüllen sich ihm, wie einst Tolstoi, die fünf Gebote Jesu. „Strebet am ersten nach dem Reiche Gottes und nach seiner Gerechtigkeit, so wird euch das Übrige alles zufallen. Wir aber streben nach dem Übrigen und können es nicht finden," denkt er. Und mit dieser Nacht beginnt für ihn ein völlig neues Leben, „nicht weil er in völlig neue Lebensbedingungen trat, sondern weil alles, was sich nach dieser Zeit mit ihm begab, für ihn eine ganz andere Bedeutung empfing als früher. Womit diese neue Periode seines Lebens endet, wird die Zukunft lehren."

Mit dieser Verheißung schließt Tolstoi sein großes Werk. Der Eindruck der „Auferstehung" ist gewaltig. Es finden sich Stellen darin, die zu dem Besten gehören, was Tolstoi je geschaffen hat: so das Osterfest im Hause der Tanten, die Gerichtssitzung, viele Szenen aus dem Gefängnisleben, die Erzählung, wie Katjuscha dem abfahrenden Zuge nachläuft u. a. Fast alle seine Lehren wiederholt Tolstoi in der „Auferstehung", indem er sie in die Erzählung einsticht: daß die Kirche nicht das wahre Christentum predige, daß der Staat nicht strafen dürfe; daß das wahre Leben allein das des Volkes und daß das Stadtleben und das der Gebildeten elend sei. Störend wirkt auch hier wieder die aufdringliche Tendenz: die Menschen der großen Welt sind durchweg nach der schlechten, die des Volkes und namentlich die Gefangenen durchweg nach der guten Seite hin idealisiert; die ersteren sind samt und sonders hartherzige, eitle, eingebildete, abscheuerregende Menschen; die Gefangenen entweder durchaus unschuldig oder schuldig nur als Opfer der traurigen sozialen Ordnung. Doch niemand wird dieses Buch aus der Hand legen ohne tiefe Erschütterung und ohne ernste Gedanken.

14. Aus Tolstois jetzigem Leben.

Das Studium des Evangeliums und die Annahme der christlichen Lehre gaben Tolstoi nach schweren inneren Kämpfen Seelenfrieden und Glück, und diese beiden köstlichsten Begleiter des menschlichen Lebens sind ihm treu geblieben bis heute. Ein dritter hat sich hinzugesellt: der Ruhm. Doch Tolstoi achtet ihn gering und könnte ihn gern entbehren. Aus allen Ländern strömen Verehrer nach Moskau und Jasnaja Poljana, um ihn zu sehen und mit ihm zu sprechen; Stöße von Briefen bringt jede Post. Doch er freut sich darüber nur in dem einen Sinne: „Es ist erfreulich, von seinem Einfluß auf andere zu erfahren, weil man nur dann zur Überzeugung gelangt, daß das in uns glühende Feuer echt ist, weil es zündet."

So ist das zweistöckige, braungestrichene Holzhaus auf der Chamownitscheskaja in Moskau, das Tolstoi seit 1881 bewohnt, zum Wallfahrtsort geworden; doch mehr noch sein Gutshaus in Jasnaja Poljana, wo er den größten Teil des Jahres zubringt. Wie oft sind sie beschrieben worden, die beiden mittelalterlichen Türme, die am Eingange des Parkes stehen, die herrliche Allee uralter Birken, durch die man fährt, und das schlichte, schmucke

Wohnhaus! Ist das Moskauer Arbeitszimmer Tolstois schon bescheiden genug, so setzt das in Jasnaja Poljana geradezu in Erstaunen durch seine Einfachheit. Eine frühere Vorratskammer, die gewölbte Decke weiß getüncht, die Dielen ungestrichen; landwirtschaftliches Gerät, Sense, Säge, Zangen an den Wänden, der notdürftigste Hausrat, ein gewöhnlicher Tisch als Schreibtisch: so sieht der Raum aus, in dem so viele unsterbliche Werke entstanden sind.

Von 9 bis 3 Uhr ist die beste Arbeitszeit für Tolstoi, Danach gibt er sich gern der körperlichen Bewegung hin. In Moskau ging er früher auf die Sperlingsberge und sägte dort mit einfachen Arbeitern zusammen; jetzt begnügt er sich damit, aus einem im Garten befindlichen Brunnen Wasser für den Hausbedarf zu pumpen und es in Fässern heranzuführen. In Jasnaja Poljana nahm und nimmt er noch gern an den landwirtschaftlichen Arbeiten teil: er pflügt und sät; eine Lieblingsbeschäftigung für ihn ist das Mähen, Radfahren und Lawn Tennis, Bäder und Schwimmen in dem durch das Gut fließenden Flüßchen, körperliche Spiele der Jugend, alles betreibt er gern und mit Hingebung. Mit seinen Gästen liebt er wiete Spaziergänge zu machen. Die mannigfache körperliche Bewegung und Abhärtung hat ihn gesund und ungewöhnlich kräftig für seine Jahre erhalten. Doch schreibt er dies nicht zum wenigsten der streng vegetarischen Lebensweise zu, die er aus ethischen wie aus physiologischen Gründen befolgt: seit 1889 genießt er weder Fleisch noch Fisch. Tee und Kaffee ersetzt ihm eine Hafersuppe. Einfach wie sein Essen ist auch seine Kleidung: im Sommer das leinene russische Bauernhemd mit einem Ledergürtel; im Winter ein Halbpelz, wie ihn die Bauern tragen, eine Filzmütze und ein wollener Schal. Die Stiefel hat er meist selbst angefertigt.

Für die Bauern, deren Kleidung er angenommen hat, schlägt sein Herz ganz besonders, und gern erfüllt er, wenn es ihm irgend möglich, ihre mannigfachen Anliegen. Er gibt ihnen gute Bücher, schreibt ihnen Gesuche, hilft einer armen Witwe beim Ernten oder einem Bauern gar den Ofen setzen. Er kann nichts abschlagen und teilt von allem mit, was er hat. In schönstem Glänze zeigte sich seine Menschenliebe in dem entsetzlichen Hungerjahre 1891/92. Er gab eine ihn sehr interessierende Arbeit auf und begab sich mit seiner Familie an den Herd der Hungersnot, da, wo der Hunger am ärgsten wütete. Der Dreiundsechzigjährige scheute keine Strapazen; bei eisiger Kälte und Schneestürmen zog er von Dorf zu Dorf und organisierte die Hilfe. Mit eigenen und fremden Mitteln richtete er Speisehäuser ein, und Tausende von Hungrigen rettete er vom Tode. So bewies er durch das eigene, weithin leuchtende Beispiel, daß die Menschen „durch die Liebe leben". Seit vielen Jahren verzichtet er auf ein Honorar für seine Werke; nur einmal noch soll er Geld genommen haben, für die „Auferstehung"; doch er behielt es nicht, sondern gab es für die Duchoborzen, eine unglückliche, um ihres Glaubens willen verfolgte Sekte, um ihnen die Auswanderung nach Kanada zu ermöglichen. So triumphiert sein warmschlagendes Herz über seine mit so vielem Scharfsinn vorgetragene graue Theorie, daß man nicht mit Geld helfen dürfe, weil Geld ein Übel sei.

Und wie vielen hat er nicht, wenn nicht leibliche, so

doch seelische Speise gereicht! Es verstimmt ihn zwar, wie Ssergejenko erzählt, wenn exaltierte Damen zu ihm kommen und rufen: „Ljow Nikolajewitsch, lehren Sie uns zu leben!" Doch wer diese Frage in ernsthaftem Verlangen an ihn richtet, dem bleibt er die Antwort nicht schuldig und schreibt wohl auch Seiten und Seiten lange Briefe der Belehrung und Ermahnung. Gar mancher, der gramgebeugt zu ihm gekommen ist, hat den Kopf höher getragen, wenn er von ihm ging, weil ihm des Lebens Bürde leichter geworden zu sein schien. Und in seinen vielen Anhängern und Verehrern wirkt er wie das sokratische Daimonion, wie es der Kaufmann Wolganow so schlicht und schon zu Löwenfeld ausgesprochen hat: „Seit ich ihn kennen gelernt, ist er, wenn ich so sagen darf, immer mit mir, in allen Fragen des Lebens gibt er mir seinen Rat, in Stunden einer stärkeren Seelenerregung ist es mir, als stünde er leibhaft vor mir und sagte mir, was ich zu tun habe, und ich habe die Zuversicht, immer gut gehandelt zu haben, wenn ich seiner Eingebung folge."

15. Tolstoi als Dichter und Denker.

Seine Ansichten über die Kunst hat Tolstoi in einer 1898 erschienenen Schrift „Was ist die Kunst?" ausgesprochen. Fünfzehn Jahre lang hat er über dieses Problem nachgedacht, ehe er seine Gedanken darüber zu Papier brachte; und wieder sind es neue und merkwürdige Gedanken. „Was soll die Kunst sein?" wäre vielleicht ein treffenderer Titel gewesen. Denn vor allem beschäftigt Tolstoi die Zukunftskunst. Er weist gewissermaßen der Kunst die Rolle an, die sie in dem zukünftigen, von ihm verheißenen und gelehrten „Reich Gottes auf Erden" spielen soll, und für jetzt die Aufgabe, diesem Reiche kommen zu helfen.

Tolstoi entfernt den „alles verwirrenden" Begriff des Schönen aus der Definition der Kunst und gibt seine eigene Erklärung: „Die Tätigkeit der Kunst besteht darin, daß man in sich ein einmal empfundenes Gefühl wieder wachruft und dieses Gefühl vermittelst Bewegungen, Linien, Farben, Tönen, Worten so wiedergibt, daß andere dasselbe Gefühl empfinden. Kunst ist menschliche Tätigkeit, die darin besteht, daß ein Mensch bewußt durch gewisse Zeichen andern die von ihm empfundenen Gefühle übermittelt und die anderen Menschen von diesen Gefühlen angesteckt werden und sie durchleben." Das Werturteil über diese Gefühle hat allein das religiöse Bewußtsein einer bestimmten Gemeinschaft zu fällen, wie es auch ursprünglich der Fall war, z. B. in den Zeiten der ersten Christen. Durch die Kirche jedoch vollzog sich jene Umwandlung der christlichen Lehre, wie es Tolstoi im „Reich Gottes" geschildert hat, und nun konnten die Gebildeten und Mächtigen der späteren Zeiten nicht mehr an das Christentum der Kirche glauben, ohne doch auch im stande zu sein, zum wahren Christentum zurückzukehren, das ihr ganzes Leben negiert hätte. Es kam die Renaissance, d. h. die Rückkehr zur heidnischen Weltauffassung, die den Sinn des Lebens in den Genuß des Einzelnen setzt und damit „zur groben heidnischen Kunstauffassung", mit der Theorie, daß die Kunst der Darstellung des Schönen zu dienen habe. Zugleich bildete sich die Auffassung heraus, daß die Kunst nicht für das Volk wäre, sondern nur für schöne Geister. „So hat die Glaubenslosigkeit der höchsten Klassen der europäischen Welt bewirkt, daß an Stelle der Kunst, die zum Zweck hatte, die höchsten, aus dem religiösen Bewußtsein fließenden Gefühle der ganzen Menschheit zu übermitteln, eine Kunst getreten ist, die zum Zweck hat, einem gewissen Kreise von Menschen möglichst großen Genuß zu verschaffen." Die Folge davon ist, daß die Kunst arm an Gehalt, immer exklusiver und schwerer verständlich geworden ist, daß sie zu Entlehnungen, Nachahmungen und Effekthascherei greift; daß endlich Schulen entstanden sind, in denen diese Kunst wie ein Handwerk gelehrt wird. Die Rettung der Kunst und die Rückkehr zu ihrer wahren Aufgabe kann nur darin bestehen, daß die Kunst wieder mit dem religiösen Bewußtsein in Fühlung tritt. Das religiöse Bewußtsein unserer Zeit aber, das nur in der Annahme der wahren christlichen Lehre wurzeln kann, lehrt uns, daß unser geistiges und materielles, einzelnes und allgemeines, zeitliches und ewiges Wohl besteht in der Erkenntnis der Gotteskindschaft und der daraus folgenden Einigung aller Menschen in Gott und unter einander. Daher kann die wahre, d. h. christliche, Kunst unserer Zeit nur zweifacher Art sein: erstens, eine Kunst, die die Gefühle übermittelt, die aus dem religiösen Bewußtsein von der Stellung des Menschen in der Welt und seinem Verhältnis zu Gott und seinem Nächsten fließen, d. h. religiöse Kunst; und zweitens, eine Kunst, die die einfachen Gefühle des Lebens übermittelt, solche, die allen Menschen der ganzen Welt zugänglich sind, d. h. Kunst des Lebens, internationale, universelle Kunst.

Von diesem Gesichtspunkt aus befindet Tolstoi Wagners „Nibelungen" und Goethes „Faust" und Beethovens neunte Symphonie für zu leicht, während die Lieder des Volks, die Geschichte von Joseph und seinen Brüdern, Schillers „Räuber", Hugos „Misérables", Dickens Romane und „Onkel Toms Hütte" mit der Schwere echter Kunst auf seiner Waagschale der Bewertung sinken.

Man sieht, Tolstois Kunstanschauungen hängen aufs engste zusammen mit seinen religiösen Lehren, Er verdammt natürlich auch seine eigenen Werke als schlechte Kunst, nur zwei kleine Erzählungen nimmt er aus: „Gott sieht die Wahrheit" und „Der Gefangene vom Kaukasus" (in seinen Schriften für Kinder); die erste scheint ihm ein Werk der religiösen, die zweite ein Werk der universellen Kunst zu sein.

Nun, wir können uns nicht seines Maßstabes bedienen. Für uns gehören alle seine Werke zur echten Kunst, wie er selbst in früheren Jahren seines Lebens ja auch geglaubt hat.

Wenn wir Tolstois Kunstschaffen kurz kennzeichnen wollen, so können wir sagen, daß sein Grundzug das Streben nach Wahrheit ist. Er selbst sagt am Schluß seiner zweiten Sewastopoler Skizze: „Der Held meiner Erzählung, den ich mit allen Kräften meiner Seele liebe, den ich in seiner ganzen Schönheit darzustellen strebte und der immer schön war und ist und bleiben wird, ist — die Wahrheit." Ungemein charakteristisch für dieses Streben ist auch eine Äußerung, die er einmal zu Ssergejenko getan hat: „Manchmal ergreift man die Feder und schreibt etwa: ‚Früh morgens stand Iwan Nikititsch auf und rief seinen Sohn zu sich' ... und plötzlich schämt man sich und wirft die Feder weg. Wozu lügen, Alter?

Das ist ja gar nicht geschehen, und du kennst ja gar keinen Iwan Nikititsch. Schreibe darüber, was geschehen ist, was du wirklich gesehen und durchlebt hast. Lüge nicht, es gibt schon so Lüge genug." Fast allen seinen Erzählungen liegen persönliche Erlebnisse oder solche ihm nahestehender Personen zu Grunde. In „Krieg und Frieden" standen ihm Angehörige Modell, „Iwan Iljitsch" schrieb er nach der Erzählung eines Richters; Ljowin durchlebt die seelischen Wandlungen wie er selbst; Anna Karenina sollte durch Gift sterben, erst als in der Nähe von Tolstois Gut sich eine Dame unter den Zug warf, wählte er diese Todesart für seine Heldin. Tolstoi erlebt alle seine Gestalten! daher verweilt er selten bei ihrem Äußeren, den Hauptwert legt er auf die Darstellung ihres Seelenlebens; wie durch ein Fenster läßt er uns tief in ihr Inneres hineinblicken. Ein Lieblingsproblem ist für ihn, wie schon bemerkt, die Schilderung innerer Wandlungen. Doch auch die kleinsten und flüchtigsten seelischen Vorgänge weiß er festzuhalten; um nur ein Beispiel für viele anzuführen, sei an die Szene zwischen Oblonskij und seinem Töchterchen in „Anna Karenina" erinnert. Der Vater fragt Tanja, ob die Mutter vergnügt sei. „Das Kind wußte, daß ein Zwist zwischen Vater und Mutter bestehe, und daß die Mutter nicht vergnügt sein konnte, und daß der Vater das wissen müsse, und daß er sich verstelle, wenn er danach so leichthin fragte. Und sie errötete für ihren Vater. Er verstand das sogleich und errötete auch." Ebenso fein sind auch scheinbar nebensächliche äußere Züge beobachtet, wenn es z. B. heißt, daß der Fürst Kuragin nicht auf den Zehenspitzen gehen konnte; oder wenn Wronskij auf der Fahrt in den Krieg außer von den trüben Erinnerungen an Annas Tod noch durch Zahnschmerz gequält wird. Der Dichter läßt ihn in Pausen sprechen, denn „bohrender Schmerz in einem kräftigen Zahn füllte seinen Mund mit Speichel und hinderte ihn am Sprechen". Solche scharf beobachteten Züge an den Einzelnen weiß Tolstoi auch, wie kein anderer, zu Gesamtbildern zu vereinigen und ist so ein unerreichter Darsteller der Massen, wie etwa der Truppen, und ganzer Epochen.

Sein Streben nach Wahrheit zeigt sich endlich noch darin, daß er keine Verwickelungen liebt. Der Stoff seiner Erzählungen ist der denkbar einfachste; nie zeigt er seine Gestalten in absonderlichen, gesuchten Lagen und verzichtet fast vollständig auf das Kunstmittel der Spannung.

Die Form tritt ihm vollkommen hinter dem Inhalt zurück. Darum ist sein Stil so einfach und ungekünstelt, darum verwendet er keine große Sorge auf den Aufbau: seine Werke dehnen sich manchmal so stark aus, wie „Krieg und Frieden": er flicht Tagebücher, Briefe und ganze Episoden hinein, die mit dem Gang der Handlung oft nur ganz lose verknüpft sind. Und doch ist jede Zeile von ihm interessant, weil man fühlt, wie sie durchdacht, ein Stück seelischer Arbeit ist. Er selbst sagt einmal im Nachwort zum Tagebuch Henri Amiels: „Ein Schriftsteller ist uns nur teuer und nötig in dem Maße, als er uns die innere Arbeit seiner Seele enthüllt, natürlich nur, wenn diese Arbeit neu und nicht schon früher getan ist. Was er auch schreiben möge: ein Drama, ein gelehrtes Werk, einen philosophischen Traktat, ein lyrisches Gedicht, eine Kritik oder Satire, teuer ist uns in dem Kunstwerk nur die innere Arbeit seiner Seele und nicht der architektonische Aufbau, in den er seine Gedanken und Gefühle hineinlegt, nicht ohne sie dadurch oft, vielleicht sogar immer, zu entstellen."

Diese Worte sind ein Selbstbekenntnis Tolstois, wie er seine Kunst versteht, und sie sprechen es zugleich aus, warum er uns als Schriftsteller teuer ist.

Neu ist vor allem auch die seelische Arbeit in den Werken, in denen Tolstoi als Denker vor uns tritt. Was sein Freund Panajew einmal in komischer Verzweiflung von ihm ausrief: „Er erkennt keine Autoritäten an!" trifft auch im Ernst auf ihn zu. Er macht in seinem Denken auch vor der Autorität der Wissenschaft nicht Halt. Die Wissenschaft scheint ihm auf seine Fragen keine Antwort zu haben. „Nechljudow ging es," sagt er einmal in der „Auferstehung", „wie es immer den Menschen geht, wenn sie sich an die Wissenschaft wenden, nicht um eine Rolle zu spielen, zu schreiben, zu streiten, zu lehren, sondern mit den einfachen, geraden Fragen des Lebens: die Wissenschaft antwortete ihm auf tausend verschiedene, sehr kluge und verwickelte Fragen, jedoch nicht auf die, deren Beantwortung er suchte." Daher nimmt sich Tolstoi das Recht, an der Wissenschaft vorbei seinen eigenen Weg zu gehen, wenn es sich um die Beantwortung solcher Fragen handelt, und dann triumphiert in ihm der Dichter über den Denker. Doch immer bewundert man, selbst wenn man ihm nicht folgen kann, die hinreißende Kraft, mit der er seine Lehren vorträgt, die aus der aufrichtigen Überzeugung quillt. Auch hier ist die Wahrheit seine Richtschnur. Er sagt, was er auf dem Herzen hat, und bleibt nie auf dem halben Wege stehen, selbst wenn das, was er zu sagen hat, „zu den bösen Wahrheiten gehört, die tief unbewußt in der Seele schlummern und nicht gesagt werden sollten, um nicht schädlich zu wirken, wie man den Satz im Wein nicht aufrühren soll, um ihn nicht zu verderben." Unerschrocken und rückhaltlos erhebt er überall seine Stimme da, wo er Böses und Unrecht sieht, nach jenem Goetheschen Aufruf:

> „Du Kräftiger, sei nicht so still,
> Wenn auch sich andre scheuen:
> Wer den Teufel erschrecken will,
> Der muß laut schreien."

Liebe zur Wahrheit, zur Natur, zu den Mitmenschen sind die Grundzüge von Tolstois Wesen. „Es gibt keine Größe, wo es keine Wahrheit, Einfachheit und Güte gibt." So kann man Tolstoi groß nennen auch in dem strengen Sinn, den er in dieses Wort legt.

Quellen

Tolstois Werke, 15. Bd., Moskau 1889 ff.

Tolstoi, Beichte, 3. Aufl., Genf 1895, und die übrigen, ab S. 115 behandelten, in Genf erschienenen Schriften.

Tolstoi, Auferstehung, 5. Aufl., Maldon, Essex 1900.

R, Löwenfeld, Gespräche über und mit Tolstoi, Berlin 1891.

R. Löwenfeld, Leo N. Tolstoi, I, 2. Aufl., Leipzig.

Behrs, Erinnerungen, Berlin 1891.

A. Fet, Meine Erinnerungen, 2 Bd., Moskau 1890.

Erste Sammlung der Briefe J. S. Turgenews, Petersburg 1884.

G. Ssolowiow, L. N. Tolstoi. Petersburg 1897.

Nasarjew, Leben und Menschen alter Zeit, hist. Bote 42, 424. Petersburg 1890.

Sagostin, Graf L. N. Tolstoi und seine Studienjahre, hist.

Bote 55, 78. Petersburg 1894.

P. Ssergejenko, Wie Graf L. N. Tolstoi lebt und arbeitet, Moskau 1898.

Editorische Notiz:

Der Text der vorliegenden Edition folgt der
Ausgabe:
Erich Berneker: Graf Leo Tolstoj, Leipzig 1901.

Der Text wurde aus Fraktur übertragen. Die
Orthographie wurde behutsam modernisiert,
grammatikalische Eigenheiten bleiben gewahrt.
Die Interpunktion folgt der Druckvorlage.

SEVERUS verlag

Bisher im SEVERUS Verlag erschienen:

Achelis. Th. Die Entwicklung der Ehe * **Andreas-Salomé, Lou** Rainer Maria Rilke * **Arenz, Karl** Die Entdeckungsreisen in Nord- und Mittelafrika von Richardson, Overweg, Barth und Vogel * **Aretz, Gertrude (Hrsg)** Napoleon I - Briefe an Frauen * **Ashburn, P.M** The ranks of death. A Medical History of the Conquest of America * **Avenarius, Richard** Kritik der reinen Erfahrung * Kritik der reinen Erfahrung, Zweiter Teil * **Bernstorff, Graf Johann Heinrich** Erinnerungen und Briefe * **Binder, Julius** Grundlegung zur Rechtsphilosophie. Mit einem Extratext zur Rechtsphilosophie Hegels * **Bliedner, Arno** Schiller. Eine pädagogische Studie * **Blümner, Hugo** Fahrendes Volk im Altertum * **Brahm, Otto** Das deutsche Ritterdrama des achtzehnten Jahrhunderts: Studien über Joseph August von Törring, seine Vorgänger und Nachfolger * **Braun, Lily** Lebenssucher * **Braun, Ferdinand** Drahtlose Telegraphie durch Wasser und Luft * **Brunnemann, Karl** Maximilian Robespierre - Ein Lebensbild nach zum Teil noch unbenutzten Quellen * **Büdinger, Max** Don Carlos Haft und Tod insbesondere nach den Auffassungen seiner Familie * **Burkamp, Wilhelm** Wirklichkeit und Sinn. Die objektive Gewordenheit des Sinns in der sinnfreien Wirklichkeit * **Caemmerer, Rudolf Karl Fritz** Die Entwicklung der strategischen Wissenschaft im 19. Jahrhundert * **Cronau, Rudolf** Drei Jahrhunderte deutschen Lebens in Amerika. Eine Geschichte der Deutschen in den Vereinigten Staaten * **Cushing, Harvey** The life of Sir William Osler, Volume 1 * The life of Sir William Osler, Volume 2 * **Dahlke, Paul** Buddhismus als Religion und Moral, Reihe ReligioSus Band IV * **Eckstein, Friedrich** Alte, unnennbare Tage. Erinnerungen aus siebzig Lehr- und Wanderjahren * Erinnerungen an Anton Bruckner * **Eiselsberg, Anton Freiherr von** Lebensweg eines Chirurgen * **Eloesser, Arthur** Thomas Mann - sein Leben und Werk * **Elsenhans, Theodor** Fries und Kant. Ein Beitrag zur Geschichte und zur systematischen Grundlegung der Erkenntnistheorie. * **Engel, Eduard** Shakespeare * Lord Byron. Eine Autobiographie nach Tagebüchern und Briefen. * **Ferenczi, Sandor** Hysterie und Pathoneurosen * **Fichte, Immanuel Hermann** Die Idee der Persönlichkeit und der individuellen Fortdauer * **Fourier, Jean Baptiste Joseph Baron** Die Auflösung der bestimmten Gleichungen * **Frimmel, Theodor von** Beethoven Studien I. Beethovens äußere Erscheinung * Beethoven Studien II. Bausteine zu einer Lebensgeschichte des Meisters * **Fülleborn, Friedrich** Über eine medizinische Studienreise nach Panama, Westindien und den Vereinigten Staaten * **Goette, Alexander** Holbeins Totentanz und seine Vorbilder * **Goldstein, Eugen** Canalstrahlen * **Graebner, Fritz** Das Weltbild der Primitiven: Eine Untersuchung der Urformen weltanschaulichen Denkens bei Naturvölkern * **Griesser, Luitpold** Nietzsche und Wagner - neue Beiträge zur Geschichte und Psychologie ihrer Freundschaft * **Hartmann, Franz** Die Medizin des Theophrastus Paracelsus von Hohenheim * **Heller, August** Geschichte der Physik von Aristoteles bis auf die neueste Zeit. Bd. 1: Von Aristoteles bis Galilei * **Helmholtz, Hermann von** Reden und Vorträge, Bd. 1 * Reden und Vorträge, Bd. 2 * **Henker, Otto** Einführung in die Brillenlehre * **Kalkoff, Paul** Ulrich von Hutten und die Reformation. Eine kritische Geschichte seiner wichtigsten Lebenszeit und der Entscheidungsjahre der Reformation (1517 - 1523), Reihe ReligioSus Band I * **Kautsky, Karl** Terrorismus und Kommunismus: Ein Beitrag zur Naturgeschichte der Revolution * **Kerschensteiner, Georg** Theorie der Bildung * **Klein, Wilhelm** Geschichte der Griechischen Kunst - Erster Band: Die Griechische Kunst bis Myron * **Krömeke, Franz** Friedrich Wilhelm Sertürner - Entdecker des Morphiums * **Külz, Ludwig** Tropenarzt im afrikanischen Busch * **Leimbach, Karl Alexander** Untersuchungen über die verschiedenen Moralsysteme * **Liliencron, Rochus von / Müllenhoff, Karl** Zur Runenlehre. Zwei Abhandlungen * **Mach, Ernst** Die Principien der Wärmelehre * **Mausbach, Joseph** Die Ethik des heiligen Augustinus. Erster Band: Die sittliche Ordnung und ihre Grundlagen * **Mauthner, Fritz** Die drei Bilder der Welt - ein sprachkritischer Versuch * **Müller, Conrad** Alexander von Humboldt und das Preußische Königshaus. Briefe aus den Jahren 1835-1857 * **Oettingen, Arthur von** Die Schule der Physik * **Ostwald, Wilhelm** Erfinder und Entdecker * **Peters, Carl** Die deutsche Emin-Pascha-Expedition * **Poetter, Friedrich**

www.severus-verlag.de

SEVERUS verlag

Christoph Logik * **Popken, Minna** Im Kampf um die Welt des Lichts. Lebenserinnerungen und Bekenntnisse einer Ärztin * **Prutz, Hans** Neue Studien zur Geschichte der Jungfrau von Orléans * **Rank, Otto** Psychoanalytische Beiträge zur Mythenforschung. Gesammelte Studien aus den Jahren 1912 bis 1914. * **Rohr, Moritz von** Joseph Fraunhofers Leben, Leistungen und Wirksamkeit * **Rubinstein, Susanna** Ein individualistischer Pessimist: Beitrag zur Würdigung Philipp Mainländers * Eine Trias von Willensmetaphysikern: Populär-philosophische Essays * **Sachs, Eva** Die fünf platonischen Körper: Zur Geschichte der Mathematik und der Elementenlehre Platons und der Pythagoreer * **Scheidemann, Philipp** Memoiren eines Sozialdemokraten, Erster Band * Memoiren eines Sozialdemokraten, Zweiter Band * **Schlösser, Rudolf** Rameaus Neffe - Studien und Untersuchungen zur Einführung in Goethes Übersetzung des Diderotschen Dialogs * **Schweitzer, Christoph** Reise nach Java und Ceylon (1675-1682). Reisebeschreibungen von deutschen Beamten und Kriegsleuten im Dienst der niederländischen West- und Ostindischen Kompagnien 1602 - 1797. * **Stein, Heinrich von** Giordano Bruno. Gedanken über seine Lehre und sein Leben * **Strache, Hans** Der Eklektizismus des Antiochus von Askalon * **Thiersch, Hermann** Ludwig I von Bayern und die Georgia Augusta * **Tyndall, John** Die Wärme betrachtet als eine Art der Bewegung, Bd. 1 * Die Wärme betrachtet als eine Art der Bewegung, Bd. 2 * **Virchow, Rudolf** Vier Reden über Leben und Kranksein * **Wecklein, Nikolaus** Textkritische Studien zu den griechischen Tragikern * **Weinhold, Karl** Die heidnische Totenbestattung in Deutschland * **Wellmann, Max** Die pneumatische Schule bis auf Archigenes - in ihrer Entwickelung dargestellt * **Wernher, Adolf** Die Bestattung der Toten in Bezug auf Hygiene, geschichtliche Entwicklung und gesetzliche Bestimmungen * **Weygandt, Wilhelm** Abnorme Charaktere in der dramatischen Literatur. Shakespeare - Goethe - Ibsen - Gerhart Hauptmann * **Wlassak, Moriz** Zum römischen Provinzialprozeß * **Wulffen, Erich** Kriminalpädagogik: Ein Erziehungsbuch * **Wundt, Wilhelm** Reden und Aufsätze * **Zoozmann, Richard** Hans Sachs und die Reformation - In Gedichten und Prosastücken, Reihe ReligioSus Band III

www.severus-verlag.de